AMRA

Jan Erik Sigdell

DIE MANIPULATIONEN DER ANUNNAKI

Satanismus, andere
Dimensionen und der
Ursprung des Bösen

Besuchen Sie unseren Shop:
www.AmraVerlag.de

Ihre 80-Minuten-Gratis-CD erwartet Sie.
Unser Geschenk an Sie ... einfach anfordern!

Eine Originalausgabe im AMRA Verlag
Auf der Reitbahn 8, D-63452 Hanau
Hotline: + 49 (0) 61 81 – 18 93 92
Service: Info@AmraVerlag.de

Herausgeber & Lektor	Michael Nagula
Textbearbeitung	Heike Funke
Einbandgestaltung	Guter Punkt
Layout & Satz	Birgit Letsch
Druck	CPI books GmbH

ISBN Printausgabe 978-3-95447-397-7
ISBN eBook 978-3-95447-398-4

Copyright © 2020 by AMRA Verlag & Records
Copyright © Covermotiv by zef art / Adobestock

Am Ende einiger Großkapitel steht ein kreuzförmiges Zeichen.
Es ist ein Schutzsymbol zur Transformation negativer Energien.

Ebenfalls von Jan Erik Sigdell ist bei AMRA erhältlich:
Die Herrschaft der Anunnaki. Beginn der Neuen Weltordnung
Der Geheime Krieg der Anunnaki. Über die Reinkarnationsfalle
Wiedergeburt und frühere Leben. Grundlagenwerk, Neuausgabe
Unsichtbare Einflüsse. Anhängliche Seelen und Wesenheiten

Alle Rechte der Verbreitung vorbehalten, auch durch Funk, Fernsehen
und sonstige Kommunikationsmittel, fotomechanische, digitale
oder vertonte Wiedergabe sowie des auszugsweisen Nachdrucks.
Im Text enthaltene externe Links konnten vom Verlag nur
bis zum Zeitpunkt der Buchveröffentlichung eingesehen werden.
Auf spätere Veränderungen hat der Verlag keinerlei Einfluss.
Eine Haftung des Verlags ist daher ausgeschlossen.

Inhalt

Vorwort   9

Einleitung   12

  Wer sind die Anunnaki?   15
  Verschwörungstheorien   17
  Wie sind sogenannte »Rassen« entstanden?   18

Durch Kriege zu einer Neuen Weltordnung   22

  Die drei Weltkriege und die luziferische Lehre   23
  Eine Katze unter Hermelinen   33
  Der Großfinanzspieler   40
  Die Lüge der Multikulturalität   44
  Die Neue Weltordnung   45
  Vortrag eines Eingeweihten   49
  Neue Weltordnung, Vereinte Nationen und die Theosophie   54
  Alice Baileys abgewandelte Theosophie   60
  Das Ziel der Neuen Weltordnung   68

Manipulation durch Sexualität   70

  Sexualität   71
  Geheimgesellschaften   75
  Wesen in anderen Dimensionen   77
  Was ist Magie?   82
  Andere Formen von Magie   84
  Zwei Aspekte der Pädophilie   86
  Die Problematik der Vergewaltigungen   87
  Der Satanismus   88
  Das Genderspektakel   93
  Liebe und Sexualität   97

Gegen die Vielfalt von Religionen   101

Weltreligion   102
Parallele Realitäten und der Mandela-Effekt   104
Kirchliches und ursprüngliches Christentum   107
Alternative Religionen   108
Der Schöpfer und die Hochstapler   114

Zentralisierung der Welt   118

NWO-Zentrum Kasachstan?   119
Volksverdummung   121
Wie kann das nun weitergehen?   125
Zeitreisen   129
Terraforming   131
HAARP und Chemtrails   136
Der Mensch als Computerterminal   141
Die Erde als Kerker?   144
Die Reinkarnationsfalle   147
Schlusswort   151

Anhang 1   158

Der geheimnisvolle Mond   159
Ist unsere Sonne ein Dimensionsportal?   161
In der zweidimensionalen Welt   163
In der dreidimensionalen Welt   165
Sind einige Himmelskörper tatsächlich Durchgänge?   167
Multidimensionalität und Orthogonalität   168

Anhang 2   171

Über den Ursprung von Leben in der Schöpfung   172
Lillys Vision   175
Entropie und Extropie   180
Künstliches Leben   182

Anhang 3 185
Die Überbevölkerungskatastrophe 186
Welchen Zweck verfolgen die FEMA-Lager? 191
Es gibt sogar besondere FEMA-Särge 194
Abtreibung? 197

Anhang 4 200
Eine Studie über den Ursprung des Bösen 201
Wer waren die Gnostischen Christen? 201
Die Schöpfung 203
Jaldabaoth wird Jahweh 206
Der erste Satz in der Bibel 207
Engel und Satan 210
Eine Spekulation über Satan 212
»Enuma Elish« 214
Die Stufen der Schöpfung hinab 216
Jahwehs ungeheuerliche Grausamkeit 219
Der Vampir Jahweh ist süchtig nach Blut 223
Menschliche Grausamkeiten 226
Der Dualismus von Gut und Böse 232
Über Dämonen und Geistwesen 233
Sind denn nun Anunnaki auf der Erde? 235
Was wollen die Anunnaki hier? 238
Zeitlinien – spektakulär! 238

Nachwort aus aktuellem Anlass 241
Über den Autor 248
Buchempfehlung 252

》 *Was geschieht gerade im Hintergrund? Die deutsche Regierung besteht aus Marionetten, und ausgehend von den USA finden gewaltige Umbrüche statt, weil Donald Trump und das amerikanische Militär, anscheinend im Schulterschluss mit Putin, sich global einen erbitterten Kampf mit dem Tiefen Staat und den Anunnaki liefern. Hinter den Kulissen spielt sich etwas ab, was dem Dritten Weltkrieg zu entsprechen scheint, nur dass er mit anderen Mitteln ausgetragen wird, als wir es jemals erwartet hätten.* 《

Vorwort

*E*in heute viel diskutierter Nachlass der alten mesopotamischen Kulturen ist das sehr umfassende Textmaterial in Keilschrift auf Tontafeln. Dazu gehört eine Schöpfungsgeschichte, die ich in meinem Buch *Die Herrschaft der Anunnaki* dargestellt und aus meiner Sicht ausgewertet habe, wobei ich eine Auffassung aufgriff, die viele für ketzerisch halten: nämlich die der außerirdischen Migranten, die »vom Himmel zur Erde kamen« – genannt Anunnaki. Diese Interpretation der Tafeln ist zwar bei denjenigen verpönt, die sich für wissenschaftlich halten, denn sie passt so gar nicht in ihr eingeschränktes Weltbild, aber es gibt mehr als genug Hinweise, die mich in dieser Auffassung bestärkten und die ich in jenem und auch in meinem zweiten Buch zum Thema, *Der Geheime Krieg der Anunnaki*, ausgewertet habe.

Ein solches Verständnis der Anunnaki hat weitreichende Konsequenzen. Folgt man ihrer Spur, haben diese Aliens noch heute, nach vielen Jahrtausenden, eine unsichtbare oder vertuschte Präsenz auf unserer Erde. Sie wollen nach wie vor in ihrem Sinne beeinflussen, was auf unserem Planeten geschieht. Man stößt überall auf der Welt auf grauenhafte Auswirkungen in Politik, Gesellschaft und globalem Geschehen durch manipulierende und heimliche Einflüsse, die letztlich mit den Anunnaki und dem »Tiefen Staat« zu tun haben, dem Staat hinter dem Staat, der Schattenregierung. Dieser Begriff wurde bis vor Kurzem übrigens noch als Verschwörungstheorie abgewertet, einer wunderbaren Möglichkeit, die wahren Zusammenhänge geheim zu halten, erfunden 1967 vom CIA nach der Ermordung John F. Kennedys.

Die steuernden Einflüsse der Anunnaki auf unsere Menschheit finden nicht öffentlich, sondern vorwiegend durch Geheimgesellschaften statt, zu denen regierende Eliten gehören, aber auch durch persönliche Einflussnahme auf Einzelpersonen durch Ideen und Konzepte, die für uns alle und für das Weltgeschehen entscheidend sind. Dabei finden sich immer wieder Zusammenhänge, die ebenfalls gerne als Verschwörungstheorie abgetan werden. Wenn sie wahr sind, soll man es ja nicht erfahren, und wenn sie unwahr sind, brauchen wir sie nicht zu kennen.

In diesem Buch greife ich einige solcher persönlich inspirierten »Fälle« auf, die den Plänen der Neuen Weltordnung folgen. Es handelt sich um Ideen, die Einzelpersonen wahrscheinlich »eingeflüstert« bekamen oder die ihnen unterschwellig eingegeben wurden, um sie als eigene Ideen auszuarbeiten, was sich als wahrlich schicksalhaft erwiesen hat. Und ich untersuche die Mechanismen des Bösen, die heute das Weltgeschehen prägen, und wie das Böse, dem wir heute allenthalben begegnen, möglicherweise in die Welt gekommen ist. Dabei öffnen wir eine Klammer, die vom Satanismus bis zur Künstlichen Intelligenz reicht.

Jan Erik Sigdell
Dutovlje, Slowenien

Einleitung

Zu meinen beiden früheren Büchern darüber, was die mesopotamischen Keilschriftquellen über die Anunnaki mitteilen, und über die Auswirkungen bis in unsere heutige Zeit, fügt sich jetzt ein drittes Buch, das sie zu einer Trilogie rundet. Die ersten beiden Bücher bezeichne ich im Weiteren als *Buch 1* und *Buch 2*, wobei das erste Buch *Die Herrschaft der Anunnaki* und das zweite *Der Geheime Krieg der Anunnaki* ist.[1]

Im vorliegenden Buch möchte ich aktuelle Fragen darüber aufgreifen, was heute mit unserer von den Anunnaki erzeugten Menschheit geschieht. Was wollen sie aus uns machen, wie wollen sie uns steuern und zu welchem Ziel hin wollen sie uns manipulieren, ohne dass es uns bewusst ist? In der heutigen Zeit geschieht ein massives »Umkrempeln« der Menschheit durch manipulativ gesteuerte »Eliten« in der Politik und in gesellschaftlichen Unternehmungen aller Art. Im Hintergrund wirken immer wieder auch die Anunnaki. Was wollen sie mit ihrem Wirken erreichen?

In den oben genannten Büchern ging es unter anderem darum, wie die Anunnaki die Entwicklung der derzeitigen Menschheit durch geheime Gesellschaften freimaurerischer

---

[1] Sie sind erstmals 2015 und 2017 im AMRA Verlag, Hanau, erschienen und nach wie vor lieferbar. Außerdem sind sie als eBook auf allen Plattformen erhältlich. Leseproben sind zu finden auf www.AmraVerlag.de.

und anderer Art zu steuern versuchen. Sie haben einen starken Einfluss in der Politik, der daher rührt, dass diejenigen, die in unserer Welt Macht ausüben und zur sogenannten »Elite« gehören, größtenteils Mitglieder solcher Geheimgesellschaften sind und deren geheimen Befehlen folgen müssen. Aber viele mehr oder weniger einflussreiche Individuen werden offensichtlich auch indirekt »inspiriert« und in ihrem Denken dahingehend beeinflusst, dass sie in der Welt bestimmte Ideen vertreten und verbreiten, ohne sich bewusst zu sein, dass es überhaupt nicht ihre eigenen sind. Man hat ihr Denken entsprechend beeinflusst und ausgerichtet.

Auch werden im Sinne des italienischen Renaissance-Philosophen Niccolò Machiavelli, der raffiniertes Verhalten zur Machterweiterung ohne ethische Hintergründe zur hohen Staatskunst erklärte, Konflikte geschürt, um den Menschen anschließend zur »Lösung« solcher Konflikte gesellschaftliche und politische Maßnahmen aufzuerlegen, die bereitwillig angenommen werden, was ohne den entsprechenden vorangegangenen Konflikt ganz sicher nicht der Fall gewesen wäre. Der Konflikt war meistens herbeigeführt und nur ein Mittel zum Zweck. Die Herbeiführung solcher Konflikte wird dadurch erleichtert, dass es in unserer Menschheit viele verschiedene Völker und Nationalitäten gibt, deren Kulturen und Religionen gegeneinander ausgespielt werden, möglichst ohne dass der verborgene Zweck ersichtlich wird.

Es geht in diesem Buch immer wieder um Fälle, bei denen man vermuten kann, dass einige besondere Ideen sowie Inspirationen zu Vorhaben und Handlungen eigentlich von derartigen Einflussnahmen herrühren dürften, die den Interessen der Anunnaki dienlich sind.

Wer sind die Anunnaki?

Über die Anunnaki wird heute viel geschrieben und in Videos geredet. Die Bezeichnung kommt von alten mesopotamischen Texten, die vor mehreren Jahrtausenden auf Tontafeln in Keilschrift geschrieben wurden. Erst im neunzehnten Jahrhundert fing man an, sie dechiffrieren und lesen zu können, wobei allmählich ein umfassender Reichtum an Literatur und Informationen über die alten mesopotamischen Kulturen offenbar wurde. Es traten auch Schöpfungsgeschichten zutage, die nach Meinung vieler Ethnologen und Sprachforscher Vorlagen für biblische Geschichten sein dürften, obwohl die kirchlichen und rabbinischen Theologen sich mit allen Mitteln dagegen wehren. Es darf ja nichts Älteres und Ursprünglicheres als die Bibel geben ...

Zu diesen Texten gehören vor allem die Schriften *Enuma Elish* und *Atra Hasis*. Der aserbaidschanische Gelehrte Zecharia Sitchin (1920-2010), der die Anunnaki-Forschung begründete, hat eine Reihe von Büchern darüber geschrieben und das Thema popularisiert, und zwar in einer Weise, die auch vielfach kritisiert worden ist – meines Erachtens nicht ganz zu Unrecht. Seine Interpretationen und eigenen Übersetzungen der sumerischen Tontafeln gelten in Fachkreisen als nicht besonders »salonfähig«, aber wohl auch deshalb, weil sie mit dem akademischen Verständnis nicht vereinbar sind. Einem Verständnis, wonach es zum Beispiel Außerirdische überhaupt nicht geben kann.

Die auf den Tontafeln geschilderten Schöpfungsgeschichten hingegen berichten zweifelsfrei von andersartigen Menschen und Wesen, die sehr wohl als nicht von dieser Erde verstanden werden können. Die Texte *können* in Sitchins Sinne gedeutet werden und enthalten keine wirklichen Widersprüche zu seinen Deutungen. Die ungewöhnlichen Wesen, um die es darin geht, sind Göttern gleich und werden in diesen Texten als Anunnaki oder auch Anunna bezeichnet, was man auf zweierlei Weise deuten kann: einerseits, dass sie zum Volk eines »himmlischen« Königs Anu gehören, und andererseits, dass es jene sind, »die vom Himmel zur Erde kamen«.

Die Anunnaki kamen vor vielen Jahrtausenden zur Erde, um hier eine neue Zivilisation zu errichten. Man hat geschätzt, dass dies vor 500.000 Jahren geschehen sein könnte. Sie brachten ihre eigenen Arbeiter mit, die für sie Ausgrabungen nach Mineralien durchführen sollten, aber irgendwann revoltierten, weil ihnen die Arbeit zu schwer wurde. Darauf entschlossen die Anunnaki sich, eine neue »Rasse« von Menschen zu erschaffen, und führten entsprechende genetische Experimente durch. Dazu wird wohl gehört haben, die Gene von auf der Erde bereits befindlichen Menschen mit ihren eigenen Genen zu kombinieren. Da sie als Hochkultur die Raumfahrt beherrschten, werden sie ein entsprechendes Wissen gehabt haben. Die Versuche misslangen zunächst, aber dann gelangten sie zu einem Durchbruch, aus dem Menschen hervorgingen, die ursprünglich als Sklaven dienten und im Laufe Hunderttausender von Jahren zur derzeitigen Menschheit unserer Erde wurden. Kein Wunder eigentlich, dass unsere Schulwissenschaft von einer solchen Theorie nichts wissen will – ungeachtet der Frage, inwieweit sie wahr sein könnte.

Nach einer langen Zeit zogen sich die weitaus meisten Anunnaki von unserer Erde zurück, aber nicht ohne Überwachung der Zustände und des Geschehens auf unserem Planeten und nicht, ohne heimlich weiter dauerhaft in unsere Entwicklung einzugreifen.

In meinen früheren Büchern über die Anunnaki habe ich darüber geschrieben und auch, wie sie noch heute durch Eliten der Macht und durch Geheimgesellschaften alles zu steuern versuchen, was auf der Erde geschieht. Weil sie mehrdimensional sind – was weiter unten noch erläutert wird –, können sie das aus dem »Unsichtbaren« tun. Dadurch sind sich nur wenige Menschen der wahren Hintergründe und Zusammenhänge bewusst, zumal die Weitergabe von Befehlen nach Art einer Pyramide hierarchisch von oben nach unten verläuft und jede Ebene nur von der nächsthöheren weiß. Ihr Hauptwerkzeug ist die Beeinflussung von Einzelpersonen.

Verschwörungstheorien

*S*ie werden es inzwischen gemerkt haben, nicht wahr? Es ist hier von Dingen die Rede, die viele mit Vorliebe als »Verschwörungstheorie« abtun. Aber was ist eine Verschwörung? Eine solche ist definitionsgemäß *geheim*. Wenn etwas davon ans Licht kommt oder auch nur vermutet wird, greift man zu allen erdenklichen Mitteln, um es als Fantasie und bloße Spekulation darzustellen, damit die Geheimhaltung nicht gefährdet wird. Eine beliebte Variante ist, die Sache lächerlich erscheinen zu lassen und Menschen, die daran glauben – oder etwas daran zumindest für möglich halten –, systematisch als »Spinner« zu brandmarken. Der Begriff »Verschwörungstheorie« wurde im Jahre 1967 eigens für diesen Zweck von der CIA erschaffen. Im Laufe der Jahre haben mehrere solche »Theorien« sich als wahr erwiesen, andere hingegen als falsch. Was ist daraus zu schließen? Natürlich, dass eine solche *wahr sein kann* und lediglich aus taktischen Gründen abgewehrt wird, aber auch, dass sie genauso gut unwahr sein kann und vielleicht sogar dem Zweck der Desinformation dient.

Deshalb muss man in vielen Fällen bereit sein, eine solche Theorie zunächst für möglich zu halten, auch wenn man damit riskiert, nicht ganz ernst genommen zu werden. Eigentlich ist eine Sache desto eher möglicherweise wahr, je mehr sie bekämpft wird ...

Wie sind sogenannte »Rassen« entstanden?

𝒲ie in meinen vorhergehenden zwei Büchern beschrieben, wurde gemäß mesopotamischen Keilschrifttexten die derzeitige Menschheit durch genetische Experimente »erschaffen« (besser: erzeugt), die zunächst fehlschlugen, aber schließlich gelangen. Die Texte auf den Tontafeln erwähnen keine besonderen Merkmale dieser Menschen, die man mit dem Begriff »Rasse« verbinden kann, außer dass sie alle schwarze Haare auf dem Kopf hatten, weshalb sie auch als »Schwarzköpfe« oder »Schwarzhaarige« bezeichnet wurden. Dann haben sich in der Menschheit im Laufe vieler Jahrtausende sogenannte »Rassen« herausgebildet. Wie kam es dazu?

Vieles deutet darauf hin, dass die so erzeugte und eigentlich für den Sklavendienst »maßgeschneiderte« Menschheit gar nicht die ersten Menschen auf unserem Planeten waren. Es mag vorher bereits andere gegeben haben, die lange vor den Bemühungen der Anunnaki, die Macht auf der Erde an sich zu reißen, vergleichsweise hochentwickelte Zivilisationen bildeten. Auch hier wird über außerirdische Einflüsse spekuliert, die jedoch nicht auf die Anunnaki zurückgingen. Offenbar hat es schon damals in anderen Gebieten der Erde Abkömmlinge früherer Zivilisationen gegeben, die andersartig waren. Diese werden sich über lange Zeit allmählich mit der »neuen« Menschheit vermischt haben, wobei sich natürlich auch körperliche Besonderheiten vermischten und vielleicht sogar neue entstanden. Das kann durchaus friedlich erfolgt sein, wenn Völker sich freundschaftlich begegneten. Ein nicht unwesentlicher Beitrag zur Vermischung ist aber auch die äußerst üble »Praxis«, bei kriegerischen Auseinandersetzungen im »Feindesvolk« Frauen zu vergewaltigen oder zum eigenen Volk zu verschleppen, für welche Zwecke auch immer. Aus unterschiedlichen Vermischungen entstanden wieder neue »Rassen«. Außerdem sind in bestimmten Fällen noch eigenständige Evolutionen von zum Beispiel Menschenaffen im Laufe von Hunderttausenden von Jahren zusätzlich denkbar. Der Darwinismus wird im Wesentlichen fragwürdig sein, aber er ist vielleicht nicht in allen Teilen falsch.

Der Mensch hat zweifellos eine Seele, die sich in physischen Körpern inkarniert – und auch *reinkarniert* (was die Reinkarnation betrifft, weise ich auf andere Bücher von mir hin, die sich ausführlich mit diesem Thema befassen, etwa den Klassiker *Wiedergeburt und frühere Leben* oder den Ratgeber *Unsichtbare Einflüsse*). In dem Maße, wie Menschen-»Rassen« angeeignete seelische Unterschiede haben, vermischten sich diese nicht zuletzt durch Reinkarnation in andere Gruppen der Erdbevölkerung. Nun können wir aber sicher nicht auch noch von Seelen-»Rassen« sprechen, denn auf der Seelenebene werden wir wohl grundsätzlich gleich und gleichwertig sein. Jedoch haben unterschiedliche Kulturen der Menschheit unterschiedliche Traditionen, soziale Systeme, Philosophien und Glaubensformen, welche sich in die Seelen der Menschen einprägen, die sich durch Reinkarnation in andere Gruppen unterschwellig übertrugen und mit ihnen vermischten und dort zu neuen kulturellen Ideen führen konnten (als mitgebrachte, wenngleich unbewusste Seelenerinnerungen). Daraus sind nicht selten Konflikte entstanden – Konflikte zwischen Gruppen, aber auch innere Konflikte in Gruppen.

In meinen früheren Büchern schrieb ich darüber, wie die Anunnaki eher gruppenweise beziehungsweise »volksweise« das Geschehen in der irdischen Menschheit nach ihren Interessen zu steuern versuchen. Offensichtlich nutzen sie hierbei auch Gelegenheiten, das Denken und Handeln von Einzelpersonen zu beeinflussen, die den Anunnaki dadurch eher unbewusst dienlich wurden. Dazu provozieren sie gerne Konflikte im machiavellischen Sinne.

Referenzen

- Jan Erik Sigdell: *Wiedergeburt und frühere Leben. Herausforderung Reinkarnation*, AMRA Verlag, Hanau 2015
- Jan Erik Sigdell: *Reinkarnationstherapie. Emotionale Befreiung durch Rückführung*, Heyne Verlag, München 2005
- Dieter Hassler: *Indizienbeweise für ein Leben nach dem Tod und die Wiedergeburt*, Band 1: Spontanerinnerungen kleiner Kinder an ihr »früheres Leben«, Shaker Media, Aachen 2011, 459 Seiten
- Dieter Hassler: *Indizienbeweise für ein Leben nach dem Tod und die Wiedergeburt*, Band 2a und 2b: Rückführungen in »frühere Leben« und deren Nachprüfung, Shaker Media, Aachen 2015, beide Bände zusammen 957 Seiten

Durch Kriege zu einer Neuen Weltordnung

Die drei Weltkriege und die luziferische Lehre

In *Buch 2* beschrieb ich im Kapitel »Albert Pike und die geheime Verschwörung« einen Plan, der bereits 1871 vom amerikanischen Höchstgradfreimaurer Albert Pike (1809-1891) in einem Brief[2] an Giuseppe Mazzini (1805-1872, nach Weishaupts Tod 1830 Leiter der Illuminati) beschrieben wurde, wonach der Menschheit durch drei Weltkriege gewaltsam eine satanistische Weltordnung aufgemogelt werden soll. Was in diesem Plan über die zwei ersten Weltkriege steht, stimmt zu großen Teilen mit den Geschehnissen in diesen Kriegen überein, weshalb man sich vorstellen kann, dass auch der Plan für den Dritten Weltkrieg ernst zu nehmen sein dürfte. Nun fragt man sich natürlich, wie Pike das am Ende des neunzehnten Jahrhunderts wissen konnte – oder vielleicht besser: wie es schon damals einen ausgearbeiteten Plan gegeben haben soll, der noch heute aktuell wäre. Mit unserem eingeschränkten dreidimensionalen Bewusstsein ist das schwer zu verstehen.

---

2   Man hat wiederholt behauptet, der Brief existiere überhaupt nicht und das Ganze sei eine Fälschung, obwohl es für seine Existenz Indizien gibt (vgl. *Buch 2*, »Albert Pike und die geheime Verschwörung«). Er soll früher sogar im British Museum ausgestellt und für jeden sichtbar gewesen sein, aber auch das Museum hat seine Existenz später geleugnet. Es kann sich eigentlich nur um einen Vertuschungsversuch handeln.

Ich will versuchen, eine kurze (und zumindest mögliche) Erklärung zu geben.

Wir müssen uns hier auf eine spirituelle Wirklichkeit beziehen, an die viele Menschen nicht glauben wollen (beziehungsweise nicht zu glauben wagen), wonach es Leben gibt, das für uns normalerweise unsichtbar ist. Es handelt sich dabei um Wesenheiten, die uns beeinflussen und die Menschheit in eine von ihnen erwünschte Richtung steuern wollen. In der heutigen Zeit haben solche Wesenheiten dämonischer Natur (im Islam als Dschinns bekannt) offensichtlich die größte Macht. Ist so etwas möglich?

Betrachten wir zunächst einmal die Dimensionsverhältnisse im Universum. Heute sind die meisten Physiker der Meinung, dass das Universum mehr Dimensionen als jene drei hat, auf die unsere menschliche Wahrnehmungsfähigkeit leider beschränkt ist. Davon zeugen bestimmte Fakten in der mathematischen Physik. Aber wie viele Dimensionen gibt es denn wirklich? Das wissen wir nicht genau, da wir für sie ja blind und taub sind. Sollte das Universum zum Beispiel sechs Dimensionen haben, gäbe es also noch drei, von denen wir kaum eine Ahnung hätten. Aber könnte es dort nicht auch Leben geben, Wesenheiten, die dort zu Hause sind und die möglicherweise uns wahrnehmen können, aber wir nicht sie? Wesen, die noch andere Planeten bewohnen und die vielleicht ein fünfdimensionales Bewusstsein haben, womit sie vieles sehen, hören und tun können, wovon wir keine Ahnung haben. Wir nennen sie dann »Geister«, obwohl sie in ihrer Welt ebenso »physisch« sind wie wir in unserer.

Meiner Auffassung nach ist es so, und vieles deutet darauf hin, dass einige von ihnen Macht über unsere dreidimensionale Welt ausüben wollen und uns in eine Richtung steuern, die ihnen passt. Die Frage ist: Wozu sollten sie das wollen? Nun, wir haben zwar keinen Einblick in ihre Welt, aber die Ergebnisse zeigen sich uns, etwa in der Art und Weise, in der sie uns unbewusst Ideen und Impulse eingeben, die nicht unsere eigenen sind – gute sowie ungute ...

Wenn diese Wesen tatsächlich mehrdimensional sind, kann es sehr wohl sein, dass sie Einfluss auf eine Dimension nehmen, die wir »Zeit« nennen, und dadurch einerseits voraussehen und andererseits beeinflussen können, was uns in einer überschaubaren Zukunft widerfährt – oder wovon sie wollen, dass es uns widerfährt. Dadurch könnten sie Albert Pike, einem Satanisten, Eingebungen für einen Plan gegeben haben, der damals in anderen Dimensionen bereits vorbereitet worden war. Er könnte von einer Wesenheit besessen gewesen sein, die ihn inspirierte, vergleichbar mit dem berüchtigten Aleister Crowley, der von einer dämonischen Wesenheit besessen war, die sich Aiwass nannte und ihm das »Buch des Gesetzes« diktierte (*The Book of the Law*). In Pikes Buch wird auch beschrieben, wie sich der Dritte Weltkrieg jenem Plan zufolge genau abspielen werde. Schließlich soll Pike sich mit bestimmten Formen von Séancen befasst haben; vgl. *Buch 2*, »Wer war Aleister Crowley?«.

Es ist ja ziemlich klar, dass solche Wesenheiten, die im Geheimen wirken, nicht erkannt werden wollen, und sie wollen deshalb auch nicht, dass wir an ihre Existenz glauben. Angeblich können sie deshalb ihr Aussehen ändern und wie Erdenmenschen erscheinen. Ist so etwas wirklich möglich? Wir können das ja nicht; aber kann so etwas ein Wesen, das – sagen wir – fünfdimensional ist und ein fünfdimensionales Bewusstsein hat? Nun, es gibt mehrere Videos im Internet, die angeblich genau so etwas zeigen. Natürlich ist es gar nicht schwierig, Videos dahingehend zu manipulieren, und deshalb haben sie keine echte Beweiskraft. Der Interessierte möge im Internet dennoch selbst einmal unter dem Begriff »shapeshifting« suchen, um sich eine eigene Meinung zu bilden. Da sind Menschen zu sehen, die vorübergehend die Kontrolle über ihr Aussehen zu verlieren scheinen und für einige Momente in ein anderes Aussehen »abdriften«, als könnten sie gewissermaßen ihre Maske nicht aufrecht erhalten. Sie erscheinen dann einen Moment lang in ihrer wahren Gestalt oder übernehmen die einer Besetzung. Dabei haben sie oft Augen mit Schlitzpupillen wie Reptilien, manchmal raubtierähnliche Zähne oder auf einmal eine lange Zunge. Gelegentlich entsteht auch eine rasterartige Verzerrung, die – wenn wahr – wie ein Interferenzmuster aussehen mag, das bei Vermischung zweier Energien (vielleicht aus verschiedenen Dimensionen) entsteht. Soweit ist das aber alles nur Spekulation.

Pike war ein Satanist, der sich dem Okkulten widmete, und er hatte offenbar einen Armreif, mit dem er Luzifer heraufbeschwören konnte und dauerhaft mit ihm in Verbindung stand. Er war Großmeister einer luziferischen Gruppe, die als *Orden von Palladium* bekannt war und 1737 in Paris gegründet wurde. Er war außerdem Chefrichter im *Ku-Klux-Klan*.

Die Anunnaki, um zu ihnen zurückzukehren, sind offensichtlich mehrdimensional bewusste Wesen, und da sie uns manipulieren und das Geschehen auf der Erde in ihrem Sinne beeinflussen wollen, wie ich in meinen zwei anderen Büchern nachgewiesen habe, beziehe ich sie in diese Überlegung mit ein. Ich gehe allerdings davon aus, dass es sowohl auf anderen Planeten als auch in unbekannten Dimensionen ebenso sehr Wesen gibt, die uns wohlgesonnen sind. Allerdings haben im derzeitigen Geschehen auf unserem Planeten offensichtlich die negativen durch irgendeine uns nicht näher bekannte Offensive den größeren Einfluss. Die Frage, warum zurzeit »die guten Kräfte« sich so wenig bemerkbar machen, ist schnell gestellt und schwer zu beantworten. Aber vielleicht kommt es uns auch nur so vor, als würden sie uns nicht unterstützen.

Der alte Plan zur Umgestaltung der Bevölkerung der ganzen Erde führte mit der Zeit zu einer Neuen Weltordnung. Das ist eine Agenda, die noch nicht umgesetzt ist, ein antitheistischer Plan satanischer Natur mit dem Ziel des Zusammenbruchs vor allem der westlichen Welt mit ihren mehr oder weniger verwandten Kulturen und sich nur mäßig unterscheidenden Religionen. Warum ein solcher Zusammenbruch? Sind wir hier für anunnakische Interessen zu weit entwickelt oder moralisch zu degeneriert – oder beides? Jedenfalls soll eine Neue Weltordnung auf den Ruinen der alten entstehen und zu einem Zweiklassensystem werden mit einer mächtigen Elite, die über ein versklavtes Volk herrscht. *Ordo ab chao*, Ordnung aus dem Chaos, mit *einer* Welt, *einem* Volk, *einer* Religion und *einer* Macht, aber mit einer außerordentlich egoistischen Ordnung für die Herrscher über eine Bevölkerung, die gar keine Freiheit mehr hat.

Dazu gehört auch, dass die Weltbevölkerung auf weniger als eine Milliarde dezimiert wird, um die Menschen besser kontrollieren und überwachen zu können. Nicht nur durch Zwang und Strafe wollen die Unterdrücker ihre Macht ausüben, sondern auch mental (durch die Steuerung von Gedanken und Meinungen) und pharmakologisch (durch »taktische« Psychopharmaka – sedierend und verdummend – und manipulierte Lebensmittel). Die Menschen sollen in Reservaten leben, die sie nicht ohne Erlaubnis verlassen dürfen. Die Filmreihe »Die Tribute von Panem« (*The Hunger Games*) gibt einen gewissen Vorgeschmack darauf.

Dass wir den Anunnaki in mancher Hinsicht heute zu weit entwickelt sein könnten, hat eine Parallele zur Sintflutgeschichte in den mesopotamischen Schriften (vgl. *Buch 1*, »Die mesopotamischen Sintflutgeschichten und die Bibel«, und *Buch 2*, »Wer sind die Anunnaki und was wissen wir über sie?«). Für den Anunnaku[3] Enlil waren schon damals die Menschen in mancher Hinsicht zu weit entwickelt, um gut kontrollierbar zu sein, denn sie wussten zu viel. Deshalb wollte er sie auslöschen und setzte sie der Sintflut aus. Jedoch sorgte sein Bruder Enki dafür, dass es für einen Neustart der Menschheit genügend Überlebende gab, und zwar dadurch, dass er Atra-Hasis (auch Utnapishtim und Ziusudra genannt – in der Bibel Noah) warnte und instruierte. Sind wir heute wieder an einem solchen Punkt angelangt?

Ich lasse nun Pikes Pläne für die ersten beiden Weltkriege, die ja schon vorbei sind, einmal beiseite und wiederhole den Plan für den Dritten Weltkrieg, den ich früher bereits in *Buch 2* am Anfang des Kapitels »Albert Pike und die geheime Verschwörung« zitiert habe:

»Der Dritte Weltkrieg muss dadurch geschürt werden, dass man die Differenzen zwischen politischen Zionisten

---

[3] Weil das mesopotamische Wort »Anunnaki« ein (außerirdisches) Volk bezeichnet und deshalb inhärent mehrzahlig ist, verwende ich »Anunnaku« als vereinfachte Einzahlform.

und den Führern der islamischen Welt ausnutzt, welche die ›Agentur‹ der ›Illuminati‹ verursacht. Der Krieg muss so geführt werden, dass der Islam (die muslimische arabische Welt) und der politische Zionismus (der Staat Israel) sich gegenseitig zerstören. Währenddem sollen die anderen Nationen, die in dieser Sache erneut gespalten sein werden, so eingeschränkt werden, dass sie bis zur völligen physischen, moralischen, seelischen und wirtschaftlichen Erschöpfung kämpfen ... Wir werden die Nihilisten und die Atheisten auf sie loslassen, und *einen regelrechten sozialen Zusammenbruch* auslösen, der mit seinem ganzen Horror den Nationen deutlich die Auswirkung des absoluten Atheismus zeigt, woraus Brutalität und der blutigste Aufruhr entstehen. Dann werden die Bürger überall gezwungen sein, sich gegen die Weltminorität der Revolutionäre zu verteidigen und die Zerstörer der Zivilisation ausrotten, enttäuscht vom Christentum, dessen deistische Geister von dem Moment an ohne Richtung und Führung sein werden, besorgt um ein Ideal, aber ohne zu wissen, wen zu verehren. Sie werden durch die universale Manifestation der reinen Lehre des Luzifers das wahre Licht erhalten, das endlich öffentlich zu erkennen sein wird. Diese Manifestation wird sich aus der allgemeinen reaktionären Bewegung ergeben, die auf Zerstörung des Christentums und des Atheismus folgt, beide gleichzeitig besiegt und vernichtet.«

Die Absicht wäre demnach, zunächst sowohl den Atheismus wie auch das Christentum durch den Islam zu ersetzen als einem nützlichen Werkzeug, dessen sich dann entledigt werden kann, und letztlich den Islam wiederum durch die »wahre luziferische Lehre« zu ersetzen. Diese Lehre ist nachstehend nach William Guy Carr (*Satan, Prince of This World*) und Albert Pike stark gekürzt dargestellt – ausführlicher in *Buch 2*, »Was ist ›die reine Lehre Luzifers‹?«:

1. Luzifer sagt: »Ich werde die menschliche Rasse unter einer totalitären Diktatur versklaven und ihnen alle physischen und mentalen Freiheiten wegnehmen, so dass sie nicht fähig sind, ihren Intellekt und ihren freien Willen zu gebrauchen«.
2. Alles, was Gott nicht gefällt, gefällt Luzifer.
3. Es darf keine Vielfalt geben, alles soll zusammengeführt werden und eine Ganzheit bilden.
4. Es soll nur zwei Klassen geben, diejenigen, die regieren und diejenigen, die versklavt sind. Die eigene Initiative wird in keiner Weise toleriert.
5. Wenn die luziferische Diktatur auf der Erde errichtet ist, soll sie von einem despotischen König geleitet werden, dessen Willen mit satanischem Despotismus durchgesetzt wird.
6. Die schöpferische Kraft soll die Lust sein und Recht und Macht ihre herrschende Kraft.
7. Nur die herrschende Elite soll die Freiheit haben, die fleischliche Lust zu genießen und das Recht, sie befriedigen. Alle anderen sollen zu menschlichem Vieh werden und physisch, mental und geistig versklavt, so dass Frieden und soziale Sicherheit dauerhaft gefährdet sind.
8. Der göttliche Plan für die Vermehrung der Menschen soll

verdorben werden. Deshalb sollen Frauen zu Lustobjekten abgewertet werden und als unrein gelten.

Diejenigen, die zum Herrschen ausgewählt werden, müssen erst beweisen, dass sie keinerlei menschliche Gefühle haben. Sie sollen ohne Gefühle, vor allem ohne Liebe oder Sympathie, herrschen und keine sentimentalen Empfindungen für das andere Geschlecht haben. Frauen, die in Logen initiiert werden, sollen allgemeines Eigentum sein, und die Mitglieder des Palladinischen Ritus sollen sie oft und ohne Mitgefühl lieblos »gebrauchen«, nur um ihre sexuellen Triebe zu befriedigen. Männer sollen Frauen unfrei halten, um vollständige Kontrolle über ihre menschlichen Schwächen zu haben.

9. Alle Gojim, die zum Dienen nicht zu gebrauchen sind, sollen zerstört werden.
10. Der Staat soll Geburten regeln und Kinder nach Plan ausgewählt erziehen. Nur der Staat hat das Recht, sie dazu zu erziehen, dem Staat zu dienen.
11. Die Zerstörung von Familie und Gemeinschaft ist für den Erfolg dieser Konspiration absolut notwendig.
12. Die Frau soll in den Dreck gezogen werden und als ein niedriges Geschöpf gelten.
13. Der Mensch soll sich selbst Gesetz sein und tun, was er will – natürlich nur in der Elite.
14. Gottes Schöpfung soll aus dem Gleichgewicht gebracht werden, so dass die Menschheit für die Sünden der Anmaßung zahlen soll, die von Luziferianern begangen werden.

Hier erkennen wir vieles, das in unserer heutigen Welt in immer deutlicherem Maße stattfindet: durch unkontrollierte Migration importierte Frauenverachtung, egoistisches, antigöttliches Verhalten und primitive Sexualität. Das gilt natürlich nicht für alle Migranten, sondern nur für einen geringen Teil davon, und nicht nur für sie, sondern auch für genetisch Eingeborene, obwohl bei ihnen gemäß Statistik wesentlich seltener. So sind nun einmal die Fakten.

Man mag sich in diesem Zusammenhang fragen, wie es denn eigentlich sein kann, dass manche selbsterklärte Feministinnen eine frauenverachtende Invasion unterstützen und verteidigen und dadurch ihre Schwestern für ihre politischen Verirrungen verraten und regelrecht opfern. Und man mag sich auch fragen, inwieweit dahinter nicht vielleicht eine Absicht steckt – wenngleich unbewusst –, werden doch von einigen Krokodilstränen vergossen, wenn ein erwiesener Verbrecher abgeschoben werden soll. Man spricht hier im Volk von »Täterschutz« durch die Politik, wobei an erster Stelle wohl eher das Opfer hätte geschützt werden sollen.

Das sieht nach Gehirnwäsche durch unbewusste Indoktrination aus. Da kann man sich fast fragen, ob einige Feministinnen nicht vielleicht unwillentlich Kollaborateure sind.

Referenzen

- The Luciferian Doctrine: http://whale.to/c/luciferian_doctrine.html
- Dschinn: https://de.wikipedia.org/wiki/Dschinn
- Albert Pike: https://antioligarch.wordpress.com/2009/02/02/who-was-albert-pike-tell-me-more-about-albert-pike
- Palladist: https://en.wikipedia.org/wiki/Palladists; vgl. https://www.historicum.net/themen/hexenforschung/lexikon/alphabetisch/a-g/artikel/Baphomet

- William Guy Carr: *Satan – Prince of This World*, Barnes & Noble 2014 und https://web.archive.org/web/20190809030946/http://www.the christianidentityforum.net/downloads/Satan-Prince.pdf sowie https://tinyurl.com/s9y7zwv

Eine Katze unter Hermelinen

En katt bland hermelinerna, das ist ein in seiner Heimat sehr bekanntes satirisches Lied des schwedischen Schauspielers und genialen Coupletsängers Karl Gerhard (Künstlername von Karl Emil Georg Johnson, 1891-1964). Der Titel bedeutet *Eine Katze unter Hermelinen* im Sinne von »Emporkömmlingen«, also jemand, der in die Gesellschaft sogenannter und vor allem selbstbehaupteter »feiner« oder »besserer« Leute geraten ist, aber dort nicht »hineinpasst« und höchstens geduldet wird. Der Titel des Liedes ist in Schweden zu einer Redewendung für eine derartige gesellschaftliche Situation geworden. Ich finde diese Redewendung im Fall des Grafen Richard Nikolaus von Coudenhove-Kalergi (1894-1972) besonders zutreffend, der eine psychologische Erklärung für einen höchst fatalen Plan zur Beseitigung der »weißen Rasse« durch Vermischung mit anderen »Rassen« aufstellte. Dieser Plan hat in manchen Kreisen viel Beachtung gewonnen, und man hat sich auch schon bemüht, ihn umzusetzen.

Coudenhove-Kalergis Vater war der österreichisch-ungarische Diplomat Heinrich Graf von Coudenhove, der die Japanerin Mitsuko Aoyama zur Frau nahm, Tochter eines Geschäftsmannes in Tokio. Vermutlich wurde das in seinen Kreisen von vielen weder als eine standesgemäße noch als eine »ethnisch reine« Ehe angesehen. Sein Sohn Richard wurde wohl oft als »Katze unter Hermelinen« betrachtet, nicht zuletzt wegen seiner ostasiatischen Züge, und wird dies entsprechend zu spüren bekommen haben, wenn auch manchmal nur indirekt und hinter seinem Rücken. Ein Gefühl von Fremdsein könnte bei ihm zu einer gewissen Aversion gegen »weiße Europäer« geführt haben, die in seinem Buch *Pan-Europa* mündete, das zum Manifest der Internationalen Paneuropa-Union wurde. Diese Union war eine Art Vorläufer der Europäischen Union. Ein anderes Buch von ihm ist *Praktischer Idealismus*, worin er schrieb: »Der Mensch der fernen Zukunft wird Mischling sein. Die heutigen Rassen und Kasten werden der zunehmenden Überwindung von Raum, Zeit und Vorurteilen zum Opfer fallen. Die eurasisch-negroide Zukunftsrasse, äußerlich der altägyptischen ähnlich, wird die Vielfalt der Völker durch die Vielfalt der Persönlichkeit ersetzen.« Woher wollte er eigentlich wissen, wie die alten Ägypter aussahen? Bilder an Tempelwänden und in Pyramiden helfen da wenig.

Er starb angeblich an einem Schlaganfall, aber seine Sekretärin behauptete, dass es Selbstmord war. Man habe dies geheim gehalten, um Menschen nicht zu enttäuschen, die seine Vorstellungen teilten. Man fragt sich natürlich, weshalb er den Freitod suchte. Hatte er angefangen, an seinem eigenen Plan zu zweifeln oder verhängnisvolle Folgen zu befürchten?

Richard von Coudenhove-Kalergi dürfte der eigentliche Urheber dessen sein, was heute zu einer leichtsinnigen, unkontrollierten Invasion von Menschen in Europa geführt hat. Seine Nichte Barbara Coudenhove-Kalergi behauptete, wie mehrere andere auch, dass diese Entwicklung unumgänglich und unumkehrbar sei. Ihr Onkel hat sich dahingehend aber nicht so strikt geäußert, sondern eher von einer, seiner Meinung nach, allmählichen unvermeidbaren Entwicklung in der Zukunft geschrieben. Die heutige brutale, rabiate und für Einheimische absolut volksmörderische Variante scheint eher aufgrund eines britischen Geheimplans entstanden zu sein und wurde zunächst wie »mit unsichtbarer Tinte« auf die Fahnen der sozialistischen Bewegungen geschrieben. So oder so wird es den Anunnaki gelegen gekommen sein, die an einer relativ raschen Umordnung der Menschheit Interesse haben.

Aber warum und wozu? War Coudenhove-Kalergi ein Rassist? Sein Plan scheint eher antirassistisch zu sein, obwohl er im Grunde eine rassistische Einstellung zur weißen »Rasse« hatte. Sie sollte eliminiert und durch eine Misch-»Rasse« ersetzt werden. Dadurch sollte ein Zweiklassensystem entstehen, letzten Endes doch wieder mit zwei Rassen: einer eher »weißen« und auf Intelligenz gezüchteten, auserlesenen Elite und einer »gemischtfarbigen« Bevölkerung mit mäßiger Intelligenz – mit gerade genug Verstand, um ohne zu hinterfragen ihre Arbeit zu tun und Befehle auszuführen. Die Elite sollte wie das Sahnehäubchen oben auf einer gelbstichigen Milch liegen. Ein derartiges Zweiklassensystem ist ja wiederum rassistisch: Die Versklavten wären durch eine etwas dunklere Hautfarbe leicht auszudeuten und von der neoweißen Elite zu unterscheiden. In jedem Fall wäre eine solche Gesellschaft rassistisch …

Im Buch *Praktischer Idealismus* schrieb Richard von Coudenhove-Kalergi: »In der Regel ist der Urbanmensch Mischling aus verschiedensten sozialen und nationalen Elementen. In ihm heben sich die entgegengesetztesten Charaktereigenschaften, Vorurteile, Hemmungen, Willenstendenzen und Weltanschauungen seiner Eltern und Großeltern auf, oder schwächen einander wenigstens ab. Die Folge ist, dass Mischlinge vielfach Charakterlosigkeit, Hemmungslosigkeit, Willensschwäche, Unbeständigkeit, Pietätlosigkeit und Treulosigkeit mit Objektivität, Vielseitigkeit, geistiger Regsamkeit, Freiheit und Weite des Horizontes verbinden.« Oder verwechseln ...

Dieser Definition stellt er eine neue Aristokratie gegenüber, und zwar den Übergang von einem »Blutadel« mit abgehobenen Familienbanden zu einem »Hirnadel« oder »Geistesadel«, einer Art von »Edeladel«, die ausgerechnet aus dem Judentum hervorgehen müsse und über das aus Mischlingen entstandene Volk herrschen solle. Dieser Vorstellung widmet er ein ganzes Kapitel (»Judentum und Zukunftsadel«) in einem weiteren Buch namens *Adel* (Kapitel 10). Zweifellos war Richard auch von seinem Vater Heinrich Graf von Coudenhove beeinflusst, von dem 1901 eine umfassende Studie über den Antisemitismus erschien: *Das Wesen des Antisemitismus*, worin er auf 526 Seiten seine eigene Wandlung von einer im Grunde antisemitischen Haltung zu einer philosemitischen beschrieb. Die Familie selbst war nicht jüdisch, sondern katholisch; jedoch war Richard zwei Mal mit Jüdinnen verheiratet. Er war auch Freimaurer. Damit kommen wir zu einer Frage, die er ahnungslos und nur in dieser Form höchstens streift: Religionskonflikte!

Richard Coudenhove-Kalergis Zukunftsvision mit einer im Wesentlichen jüdischen Elite wird von Barbara Lerner Spectre voll zugestimmt, die ihr eigenes jüdisches Volk in einem entstehenden multikulturellen Europa in einer Herrscherrolle sehen will, in scharfem Kontrast zum heutigen stark rassistischen Israel. Geboren 1942 in den USA ist sie die Ehefrau von Philip Spectre, der – nachdem sie beide nach Schweden ausgewandert waren – Rabbiner an der Stockholmer Synagoge wurde. In Schweden gründete Barbara Spectre auch *Paideia, The European Institute for Jewish Studies in Sweden*.[4] Sie hat in einer kontroversen Aussage geäußert, dass Europa noch nicht gelernt habe, multikulturell zu sein, dies aber unter jüdischer Führung lernen müsse ...

Ach ja, und im Jahr 2010 hat Angela Merkel übrigens von der *European Society Coudenhove Kalergi* für ihre Einwanderungspolitik einen Preis bekommen, worüber die Medien kaum berichteten.

Dass in Richard Kalergis Vorstellungen eines neuen Europas das Judentum eine wesentliche Rolle spielt, hob er auch schriftlich hervor, was uns zwingt, uns mit dieser Frage zu beschäftigen. Dabei sollten wir unbedingt zwischen Judentum und Zionismus unterscheiden, zumal Spectre den Anschein erweckt, mit Letzterem verbunden zu sein. Das eigentliche Judentum ist eine ehrenwerte und stark religiös geprägte Kultur, die der Welt viel gegeben hat. Der Zionismus hingegen ist eine vorwiegend säkulare politische Bewegung, die sich für das Wiederentstehen des Staates Israel einsetzt, was nach dem Zweiten Weltkrieg ja auch erreicht wurde. Die Zionisten sag-

---

4   Die schwedische Journalistin Ingrid Carlquist sagte, dass das genannte Institut vom schwedischen Staat vier Millionen US-Dollar Unterstützung erpresste, mit der Drohung, dass sonst der Jüdische Weltkongress das Land für antisemitisch erklären würde: *Scandal in Sweden When Ingrid Questions the Unquestionable*, https://www.youtube.comwatch?v=rHvfBtwspPM. Interessanterweise bedeutet das englische Wort »spectre« so viel wie »Schreckgespenst«.

ten damals angeblich: »Wenn uns Gott nicht das Land gibt, nehmen wir es uns selbst.«

Mich wundert es nicht, dass es unter den religiösen Juden viele Gegner des Zionismus gibt.

Spectres heimliches Interesse dürfte meiner Vermutung nach einer Entvölkerung Syriens und der umliegenden muslimischen Länder gegolten haben, um einer ausgedehnten Expansion Israels nach altem zionistischen Plan den Weg zu bereiten: *Eretz Israel HaShlema*, was mit *Das wiederhergestellte Land Israel* zu übersetzen wäre, wiederhergestellt nach dem Vorbild biblischer Zeiten. Ist das ein Hintergedanke angesichts der zerbrechenden Staaten im Vorderen Orient? Soll eine Emigration vorangetrieben werden, die einer Expansion den Weg bereitet? Spectre würde den Vertriebenen sicher gern eine Heimstätte in Europa bieten – nicht aus Altruismus, sondern, um die Levante zu räumen, die Länder des östlichen Mittelmeerraumes.

Wie gesagt, unter den religiösen Juden gibt es viele Gegner des Zionismus. Dabei wird Antizionismus leider oft mit Antisemitismus gleichgesetzt, aber das ist reine Taktik. Für mich ist jedenfalls nachvollziehbar, dass zahlreiche Juden Antizionisten sind.[5]

---

5 Ein anderer Gedanke mag an dieser Stelle auftauchen. Angeblich haben amerikanische Kulturräuber nach dem Irak-Krieg dort jede Menge Keilschrifttafeln aus Museen und Bibliotheken entwendet. Es ist sehr wahrscheinlich, dass darunter wichtige Texte sind, die mit den Anunnaki zu tun haben und uns vielleicht noch unbekannt sind, weil bisher nicht ausgewertet. Dass dies im Sinne der Anunnaki ist, dürfte wohl ziemlich offensichtlich sein. Diese Tafeln sind jetzt irgendwo in den USA versteckt. Die Anunnaki waren aber vor vielen Jahrtausenden auch im ganzen Vorderen Orient tätig, zum Beispiel im heutigen Syrien (unter anderem in Palmyra). Wird dieses Gebiet geräumt, bekäme

Referenzen

- Karl Gerhard: https://de.wikipedia.org/wiki/Karl_Gerhard
- En katt bland hermelinerna: https://de.wiktionary.org/wiki/en_katt_bland_hermelinerna (in Deutsch)
- Richard von Coudenhove-Kalergi: *Pan-Europa*, Paneuropa Verlag, Wien-Leipzig 1923
- Richard von Coudenhove-Kalergi: *Praktischer Idealismus*, Paneuropa Verlag, Wien-Leipzig 1925
- Richard von Coudenhove-Kalergi: *Adel, der Neue Geist*, Leipzig 1922
- Heinrich von Coudenhove: *Das Wesen des Antisemitismus*, St. Calvary & Co., Berlin 1901
- Richard von Coudenhove-Kalergi: https://en.wikipedia.org/wiki/Richard_von_Coudenhove-Kalergi
- Richard Graf Coudenhove-Kalergi als Freimaurer: https://1051.acgl.eu/index.php/traktate-aus-der-loge/coudenhove-kalergi-als-freimaurer
- Richard von Coudenhove-Kalergis Astrodaten: https://www.astro.com/astro-databank/Von_Coudenhove-Kalergi,_Richard
- Barbara Coudenhove-Kalergi zur Völkerwanderung: https://derstandard.at/2000010102927/Eine-Voelkerwanderung
- Britischer Geheimplan vom Jahr 2000: https://michael-mannheimer.net/2014/12/16/britischer-geheimplan-vom-jahr-2000-verraet-mas seneinwanderung-geht-auf-wahnidee-europaeischer-sozialisten-der-erschaffung-eines-neuen-menschen-zurueck
- Kalergi Plan for the Extinction of the White Race with a Worldwide Jewish Zionist Government: https://web.archive.org/web/20180326083342/http://news-for-friends.de/die-einwanderung-ist-kein-zufall-aber-es-wird-von-europa-auferlegt-dem-kalergi-plan-zu-folgen-lass-uns-herausfinden-was-es-ist
- Die Einwanderung ist kein Zufall: https://news-for-friends.de/die-einwanderung-ist-kein-zufall-aber-es-wird-von-europa-auferlegt-dem-kalergi-plan-zu-folgen-lass-uns-herausfinden-was-es-ist
- Kalergi-Preis für Angela Merkel: https://archiv.bundesregierung.de/archiv-en/hidden-hier-nur-knoten-verlinken-die-auch-publiziert-sind-fuer-preview-elemente-test-etc-nur-preview-hidden-node-verwenden/homepage/european-prize-for-the-chancellor-477196

---

man auch dort Zugang zu wichtigen Texten und anderem archäologischen Material, das dort vermutlich noch irgendwo verborgen liegt. Die Anunnaki werden wohl wissen, wo.

- Barbara Spectre: https://videos.files.wordpress.com/ud6iJcc9/barbara-lerner-spectre-calls-for-destruction-of-christian-european-ethnic-societies_dvd.mp4
- Barbara Spectre on Multiculturalism, Israel and the Refugee Crisis: https://www.youtube.com/watch?v=G45WthPTo24 [Barbara Lerner Spectre calls for destruction of Christian European ethnic societies] und https://www.youtube.com/watch?v=khOWTa0oO9g [Barbara Spectre doesn't speak for all Jews] Eretz Israel HaShlema (Großisrael): https://www.globalsecurity.org/military/world/israel/greater-israel.htm
- The Zionist Plan for the Middle East: https://www.globalresearch.ca/greater-israel-the-zionist-plan-for-the-middle-east/5324815
- Anti-Zionism: https://en.wikipedia.org/wiki/Anti-Zionism

Der Großfinanzspieler

*E*ine andere Person, die im Zusammenhang mit Migration eine auffallend negative Rolle spielt, ist George Soros (ausgesprochen: *Schorosch*). Im Jahre 1930 als György Schwartz in Ungarn geboren, hat er schon die gerade erst beginnende Migration durch Druck und Verteilung von Anleitungen mit Darstellungen von Fluchtwegen und Wegweisungen für Migranten nach Europa stark unterstützt und auch Gummiboote für die »Flucht« übers Meer bereitgestellt. Seine Organisation *Open Society* hat unklare Verbindungen zu europäischen Regierungskreisen, und der sogenannte Merkelplan scheint ursprünglich von ihm zu sein. Sich dann selbst als Philanthrop zu bezeichnen, erscheint wirklich allzu überheblich, wenn angesichts umfassender Kollateralschäden durch seine Tätigkeiten eher das Gegenteil passend wäre, zumal von ihm in zynischer Weise Menschen gewissermaßen als Waffen zur nationalen Destabilisierung benutzt werden.

Er bezeichnet sich als einen Spieler, der in Finanzkreisen mit Millionen (eigentlich sogar Milliarden) jongliert und rücksichtslos die Möglichkeiten ausnutzt, Europa und den Finanzen auch außereuropäischer Länder ernsthaft zu schaden – man könnte meinen: nur zum Spaß. So hat er sich 1992 bei der Finanzkrise »Schwarzer Mittwoch« in Großbritannien durch Spekulation um Milliarden bereichert und später in einer asiatischen Finanzkrise mitgemischt, wodurch die Bank of Thailand sowie die Staatsfinanzen von Malaysia und den Philippinen geschädigt wurden. Selbst Jude, hat er während der Naziokkupation von Ungarn eine beschämende Rolle gespielt, als er mit Adolf Eichmann zusammenarbeitete, um das Eigentum jüdischer Familien zu konfiszieren, bevor sie deportiert wurden. Er war damals vierzehn Jahre alt und hat darüber in einem Fernsehinterview erzählt. Will er nun das schlechte Gewissen, das er behauptet, nicht zu haben, durch eine Zusammenarbeit mit dem Zionismus rehabilitieren? (Vgl. den oben erwähnten zionistischen Expansionsplan.) Im Interview bezeichnete er diese Jugendzeit als die schönste seines Lebens, weil er dabei ein Gefühl absoluter Macht erlebte. Scheinbar versucht er heute noch, dieses Gefühl zu wiederholen, und betrachtet sich in seinem bemerkenswerten Größenwahn als eine Art Gott. Das sieht sehr nach einer anunnakischen Persönlichkeitsmanipulation aus.

Nun spielt er auch mit Menschen, mit Völkern und Menschenmassen, in einer von ihm geförderten Migration unter dem Vorwand der Hilfeleistung an Flüchtlingen, ohne zu unterscheiden, inwiefern es sich um echte Flüchtlinge vor Not und Tod handelt – denen man selbstverständlich helfen soll – oder um Opportunisten, die die Situation zum eigenen Vorteil ausnutzen wollen, damit sie auf Kosten anderer ein besseres Leben führen können (die also in Wirklichkeit keine Hilfe brauchen), und das sogar mit Kriminalität und Terrorismus. 2016 wurde seine *Open Society Foundation* gehackt, und 2.500 Dokumente kamen an die Öffentlichkeit, die verschwiegene Absichten entlarven. Demnach solle die europäische Flüchtlingskrise als das »neue Normale« angenommen werden und damit Soros' Organisation »Gelegenheiten bieten, um Migrationspolitiken in einem globalen Ausmaß zu beeinflussen«. Es ging ihm offensichtlich schon lange um eine Erweiterung vom Finanzspiel zu einem *Machtspiel* und um Einfluss darauf, wie die Politik regional und global »Migration steuert und *erzwingt*« (Hervorhebung vom Autor). Man bekommt den deutlichen Eindruck, dass es hier um diktatorische Maßnahmen geht, und das auch in Bezug darauf, wie man die »Freiheiten« des Journalismus kontrolliert.

Im Zusammenhang mit einer rücksichtslosen Förderung solcher Invasionen mag man sich noch fragen, ob dahinter nicht eine weitere dunkle Absicht steckt, vielleicht mit Blick auf einen möglichen Dritten Weltkrieg gemäß Pike? Ein solcher Krieg würde auch dem Vorhaben der Neuen Weltordnung in Bezug auf eine drastische Bevölkerungsreduktion dienen. Dann sitzen nämlich Einheimische und Migranten auf einmal im gleichen Boot und würden alle zusammen »reduziert« werden – zwei Fliegen mit einer Klappe. Alles mit anunnakischen Interessen vereinbar.

Soros' Name ist gerade in letzter Zeit auch immer wieder im Zusammenhang mit Kindesmissbrauch, sexuellen Gewaltritualen und Satanismus aufgetaucht, in einem Ausmaß, das jede menschliche Vorstellungskraft sprengt. Letzteres Thema wird im Folgenden aufgegriffen.

Referenzen

- How George Soros Singlehandedly Created The European Refugee Crisis – And Why: https://www.zerohedge.com/news/2016-07-08/how-george-soros-singlehandedly-created-european-refugee-crisis-and-why
- George Soros admits Nazi collaboration: https://www.youtube.com/watch?v=W8Id0-Lsyr0
- George Soros »The Happiest Time of My Life«: https://www.youtube.com/watch?v=772bgEKTpcc
- Eichmann and Soros: A Case in Perfidy: https://larouchepub.com/pr_lar/2008/lar_pac/080715soros_perfidy.html
- George Soros Interview Where He Admitted He Was A Nazi Collaborator: https://www.youtube.com/watch?v=0PUDmLCkgNc
- The REAL George Soros: https://www.blogmocracy.com/2012/02/20/the-real-george-soros-an-evil-despicable-excuse-for-a-human-being-no-wonder-the-libs-love-the-pos/
- Der wahre Größenwahn von George Soros: https://wissenschaft3000.wordpress.com/2017/11/29/der-wahre-groessenwahn-von-george-soros-ich-bin-eine-art-gott-und-ein-denker-wie-einstein
- Soros: »Ich bin ein Gott«: https://noch.info/2017/11/soros-ich-bin-ein-gott-der-amerika-und-die-neue-weltordnung-kontrolliert-video
- Soros: I am basically there to make money. I cannot and do not look at the social consequences of what I do: https://steemit.com/news/@alexpmorris/george-soros-i-am-basically-there-to-make-money-i-cannot-and-do-not-look-at-the-social-consequences-of-what-i-do
- Das selbstentlarvende George-Soros-Interview mit deutschen Untertiteln: https://www.youtube.com/watch?v=k5ekLezIpH0
- Atlantic Puppeteers – Who is Behind »The Merkel Plan« and EU Refugee Policy: https://sputniknews.com/politics/201604291038848148-merkel-soros-eu-plan
- Soros Hack Reveals Plot Behind Europe's Refugee Crisis: http://www.zerohedge.com/news/2016-08-16/soros-hack-reveals-plot-behind-europes-refugee-crisis-media-funding-and-manipulation

- Irish babies' remains bear signs of ritual sacrifice – George Soros and royalty «hunting children«: https://cassiopaea.org/forum/threads/mass-grave-in-ireland-with-children-to-be-seen-in-broader-context.35157; siehe auch: http://themillenniumreport.com/2016/11/huge-break through-in-d-c-pedophilia-ring

Die Lüge der Multikulturalität

*M*an hört immer von Multikulti und wie lobenswert eine kulturelle Vielfalt in unserer Gesellschaft doch sei. Dabei werden solche Bestrebungen zwangsläufig ganz anders enden. Das Ergebnis kann nach den bekannten Mustern einzig sein, dass es am Ende nur noch *eine* (und zwar erzwungene) »Kultur« gibt – sofern die Integration wirklich gelingt. Eine Mischkultur, die zu einer *Einheitskultur* erstarrt – oder eher gar keine Kultur mehr ist. Entnationalisiert, entvölkert, aus einer anfänglich bunten Vielfalt ergraut. Dafür werden Religionskonflikte sorgen, bei denen am Ende *eine* Religion siegt. Allerdings könnte man auch von zwei einheitlichen Kulturen sprechen: die der Elite und die der Versklavten, beide für sich kulturell kastriert. »Frieden« durch Lähmung einer paralysierten grauen Masse. Statt Vielfalt Einfalt, im Sinne von Einfältigkeit. Die theoretische Alternative einer Vielfalt des freiwilligen, wohlwollenden Miteinanders dürfte mit dem Migrations-Pakt vom Dezember 2018 in Marrakesch effektiv zu Grabe getragen worden sein; es wurde ein ergrauendes diktatorisches Mausoleum weiter befestigt, das nun die Neue

Weltordnung ist. Es gibt aber Hoffnung, dass diese Ordnung nicht dauerhaft bestehen wird.

Könnte eine positive Integration im Sinn eines wohlgesinnten Miteinanderlebens möglich sein? Ohne *Gegenseitigkeit* kann es nicht funktionieren. Dies erfordert, dass die verschiedenen Gruppierungen – sozial und religiös – sich wohlwollend begegnen und einander respektieren, was aber nicht bedeuten kann, dass eine Seite die Meinung und Auffassung der anderen einfach übernimmt. Sobald eine Seite womöglich die Unterwerfung der anderen fordert, ist das Scheitern bereits angelegt. Mit Wir-und-sie-Denken ohne echte gegenseitige Toleranz kann es nicht funktionieren. Wie könnte man aber eine echte Gegenseitigkeit verwirklichen? Ein beidseitig entgegenkommendes Zusammensein als »wir« ohne »sie« und ohne Zwang?

Referenz

- Unsere Umvolkung – ein Konzept: http://politonline.ch/index.cfm?content=news&newsid=2881

Die Neue Weltordnung

*W*as heute als Neue Weltordnung bezeichnet wird, ist im Laufe mehrerer Jahrhunderte entstanden. Ein Vorläufer dürfte wohl in dem 1776 von Mayer Amschel Rothschild gegründeten Illuminati-Orden unter Führung von Adam

Weishaupt zu finden sein. Seine Idee von einer »Eine-Welt-Regierung, um die Elite die Welt regieren zu lassen, damit sie künftige Kriege verhindert«, wurde zu einem Leitthema in der Langzeitplanung der 1945 gegründeten Vereinten Nationen. Gewissermaßen Meilensteine auf diesem Weg der Menschheit sind vor allem die Gründungen des Rates für Auswärtige Beziehungen (*Council of Foreign Relations*, 1921), der Bilderberger (1954), der Europäischen Wirtschaftsgemeinschaft (*European Economic Community*, 1957), die 1992 zur Europäischen Union wurde, der Trilateralen Kommission (*Trilateral Commission*, 1973), der Internationalen Handelskommission (*International Trade Organization* ITO, 1995), des *Club of Rome* und des *Royal Institute of International Affairs*, auch als *Chatham House* bekannt.

Der Plan zur Einführung einer »Eine-Welt-Regierung« baut wahrscheinlich im Wesentlichen – inhaltlich deutlich zu erkennen – auf die bereits genannte luziferische Doktrin. Atemberaubende Tonband-Aufzeichnungen des Arztes Lawrence Dunegan, die der Vereinigung amerikanischer Kinderärzte zu Ohren kamen, machten die Zusammenhänge erstmals bekannt. Die »Neue Ordnung« sollte »eines Tages« offiziell etabliert werden, erklärte Dunegan auf den Bändern, und zwar dergestalt, dass an einem Freitag im Winter sämtliche gesellschaftliche Aktivitäten des folgenden Wochenendes eingestellt würden. Alle Unternehmen, Geschäfte, Läden, Einkaufszentren, Kinos und sonstigen Unterhaltungseinrichtungen, Restaurants, Gasthäuser und dergleichen sollten dann geschlossen bleiben, möglichst auch die Krankenpflege, wenn nicht unbedingt benötigt sogar die Polizeitätigkeit und Bereitschaften wie die Feuerwehr. Radio und Fernsehen sollten ihren Sendebetrieb einstellen, der private Autoverkehr verboten und auch Verkehrsflugzeuge nicht mehr unterwegs sein dürfen. Öffentliche Verkehrsmittel sollten still stehen.

Man wollte das als »Übung« für eine mögliche Krisensituation darstellen. Und am folgenden Montag sollten die Menschen dann mit einer Meldung aufwachen, die überall verbreitet wird – durch Lautsprecher, wieder aufgenommene Medientätigkeit, auf Flugblättern und auf viele andere Weise –, dass *nun die Neue Weltordnung mit ihren Gesetzen und Regeln gelte und alles vorbei sei, was vorher war.* Es sollte nicht nur eine Übung gewesen sein ... und die Corona-Krise ab März 2020 konnte hier sicher mit seltsamen Übereinstimmungen aufwarten.

Ist es schon so weit? Während ich dies hier schreibe, gehe ich positiv denkend davon aus, dass die Trilaterale Kommission den Weg für die Einführung der Neuen Weltordnung in konspirativer Weise nach wie vor erst bereitet. Sie wird eher eine koordinierte Bestrebung nach indirekter Steuerung der vier Zentren der Macht sein: politisch, finanziell, intellektuell und religiös durch eine wirtschaftliche Macht, die stärker als die politische ist (Barry Goldwater in seinem Buch: *With No Apologies*), wobei sie nach außen ein anderes Gesicht trägt.

Die wesentlichen Elemente der Neuen Weltordnung entsprechen mehr oder weniger dem Plan von Pike, jedoch scheint es in Vielem eher um das zu gehen, was nach einem möglichen Dritten Weltkrieg durchgesetzt werden soll. Dabei zeigt die Darstellung der Pläne der Weltordnung allerdings, dass ein herkömmlicher Krieg zwar nicht ausgeschlossen, im Grunde aber überholt ist, denn heute gibt es andere Möglichkeiten, wie Wetterkontrolle und Terrorismus ...

neue Kriegsarten mit neuen Waffen, um seine Ziele durchzusetzen. Und die Einführung wesentlicher Elemente dieser Weltordnung ist anscheinend bereits erfolgt, wie an der folgenden Schilderung zu erkennen ist – der satanistische Charakter ist zwischen den Zeilen erkennbar, passend zum Luziferischen bei Albert Pike. Dazu sagte nämlich Dunegans Quelle, der Kinderarzt Professor Dr. Richard Day, auf den im Folgenden näher eingegangen wird:

»Ein neuer Krieg erscheint nicht als ausgeschlossen und kann auch ›gut‹ sein, nämlich zur Bevölkerungsreduktion. Menschen haben im Krieg auch die Möglichkeit, sich zu beweisen und großen Mut und Heldentum zu zeigen, und wenn sie dann sterben, so sterben sie gut, und wenn sie überleben, bekommen sie Anerkennung …«

Atomwaffen würde man auf globaler Ebene wohl nur noch im äußersten Notfall einsetzen, über diese Zeiten scheint man im Wesentlichen hinaus zu sein, es sei denn, der Gegner will hartnäckig nicht aufgeben. Ein angeblich ausgehandelter Frieden kann aber auch im machiavellischen Sinne im Vorhinein vereinbart worden sein, dann war die bewaffnete Auseinandersetzung natürlich eher ein »Mittel zum Zweck«, sprich zur Demonstration von Macht.

Vortrag eines Eingeweihten

Am 20. März 1969 hielt der Kinderarzt Professor Dr. Richard Day (1931–1989), ein freimaurerischer Insider, vor Studenten und Medizinern, die für leitende Positionen im Gesundheitswesen vorgesehen waren, an der *Pittsburgh Pediatric Society* einen Vortrag. Es war nicht erlaubt, während des langen Vortrages Tonbandaufnahmen oder Notizen zu machen. Einer der Anwesenden, Dr. Lawrence Dunegan (1933–2004), verfügte jedoch über ein fotografisches Gedächtnis und konnte sich, obwohl er Jahrzehnte lang nicht darüber gesprochen hatte, erstaunlich detailliert an den Vortrag erinnern. In den Jahren 1989 bis 1991 hielt er seine Erinnerungen kurz vor Days Tod auf vier Tonbandkassetten fest und vertraute diese einer Frau namens Randy Engel von der *US Coalition of Life* an, die das Gesprochene niederschrieb, woraus im Jahr 2013 dann das Buch *The New Order of Barbarians* wurde.[6] Nicht lange Zeit danach starb auch Dr. Dunegan – und ich mag hierzu nicht über eventuelle Zusammenhänge spekulieren.

---

6   Dieses Buch scheint gemäß den Angaben auf Amazon nur selten gekauft zu werden. Man findet aber im Internet Texte, die vermutlich im Wesentlichen mit der Originalniederschrift übereinstimmen dürften, und man mag sich fragen, inwieweit das Buch ihnen gegenüber vielleicht zensiert ist. Webseiten dazu scheinen allmählich zu verschwinden, weil manche Suchanfragen zu nicht mehr vorhandenen Seiten führen. Deutsche Übersetzungen sind (oder waren) im Internet auch zu finden, zum Beispiel unter dem Titel *Der Masterplan*.

Bei diesen Aufnahmen geht es um die folgenden Schwerpunkte der Neuen Weltordnung, die ich nachstehend mit einigen wenigen Bemerkungen von mir wiedergebe:

- Bevölkerungsabbau
- Kinder nur noch mit Erlaubnis bekommen
- Neudefinition von Sex: zum Spaß ohne Fortpflanzung
- Empfängnisverhütung frei und überall erhältlich machen
- Sexaufklärung und diesbezügliche Vorbereitung der Jugend
- freie Abtreibung zur Bevölkerungskontrolle
- Förderung der Homosexualität
- Fortpflanzung ohne Sex (Cloning)
- Auflösung des Familienverbandes
- Euthanasie und Sterbehilfe (Altwerdende gehen lassen)
- begrenzter Zugang zu bezahlbarer Krankenversorgung (keine unnötige Lebensverlängerung)
- strenge Kontrolle der Medizin (unter anderem, wer weiterleben darf und wer nicht)
- keine selbstständigen Ärzte mehr
- Schwierigkeiten, neue unheilbare Krankheiten zu diagnostizieren
- Unterdrückung von Krebsheilmethoden (Bevölkerungsabbau)
- Auslösen von Herzattacken (Menschen beseitigen)
- Pubertät und Evolution durch Schulausbildung beschleunigen (frühere Sexualreife)
- Vermischung aller Religionen (alte Religionen sollen verschwinden)
- Veränderung der Bibel durch Änderung von Schlüsselwörtern

- Bildungsgestaltung zum Zweck der Indoktrination
- längere Schulzeiten, ohne wirklich zu lernen (gründlichere Indoktrination)
- kein freier Zugang zu Informationen mehr
- bestimmte Bücher aus Bibliotheken verschwinden lassen
- den Privatbesitz von Büchern verbieten
- Schulen zum Mittelpunkt der Gemeinde machen
- Gesetzesänderungen, die moralisches und soziales Chaos verursachen
- Anregung zu Drogenkonsum, die zu Dschungelatmosphäre führt (Slums, in denen die Schwachen und Ungeeigneten aussortiert werden)
- dazu auch Förderung des Alkoholkonsums
- Einschränkung der Reisefreiheit
- mehr Gefängnisse sowie Nutzung von Krankenhäusern (Psychiatrie) als Gefängnisse
- psychologische und physische Unsicherheit in der Gesellschaft (Angst dient der Kontrollierbarkeit)
- Die Gesellschaft durch Kriminalität und Terrorismus manipulieren (Unsicherheitsgefühl)
- Umvolkung zur Vermischung von Völkern und Wirtschaften (soziale Entwurzelung)
- Sport soll die Gesellschaft wandeln (Interessenlenkung, Ablenkung von Patriotismus, Maskulinisierung)
- Förderung von Sex (Faszination von Sex lenkt von Wesentlichem ab) und Gewalt (Desensibilisierung) in der Unterhaltungsindustrie
- rauere Musik (entromantisiert)
- Gebrauch von unterschwelligen Botschaften (Subliminals)
- Implantierung von Chips

- Lebensmittelmanipulation (Gentechnik, chemische Beigaben)
- Eigenerzeugung von Nahrungsmitteln verbieten
- Wetterkontrolle (als Waffe – HAARP und Chemtrails)
- Psychotechniken zur Steuerung von Menschen, damit sie tun, was man von ihnen will
- Fälschung von wissenschaftlichen Erkenntnissen (zum Beispiel »Klimakatastrophe«)
- Überwachung, Implantate und beobachtendes Fernsehen (Fernsehgeräte mit verstecktem Mikrofon und Mikrokamera existieren schon)
- kein Eigenheimbesitz mehr
- Einführung eines globalen totalitären Systems

Und hier noch einige Aussagen, die Day bei seinem Vortrag machte: »Alles ist geregelt, und es kann uns nichts mehr stoppen.« »Wir müssen uns an Veränderungen gewöhnen, weil sie immer häufiger werden.« »Menschen sind zu vertrauensselig und stellen nicht die richtigen Fragen.« Alles, was nach diesem neuen System in der Gesellschaft geschieht, verfolge *zwei Absichten*: erstens die *vordergründige Absicht*, die den Zweck annehmbar erscheinen lassen soll, und zweitens die wahre und *verborgene Absicht*, die den Zielen des neuen Systems dient.

Meiner persönlichen Meinung nach ist Bevölkerungskontrolle etwas, worüber man vielleicht sprechen könnte. Wenn die Anzahl der Menschen auf diesem Planeten weiter unkontrolliert ansteigt, führt dies irgendwann zu Nahrungsmittelknappheit und wir ersticken in unserem Abfall. Aber das ist meine persönliche Meinung. Folgere ich daraus, dass es legitim wäre, Menschen sterben zu lassen oder gar aktiv umzubringen? So etwas darf niemals geschehen! Eine *humane* Lösung wäre die *Einschränkung der Geburten.* Zwei Kinder pro Familie ist meines Erachtens bereits zu viel, denn das führt eher zum *Anhalten* des Wachstums als zur dringend notwendigen *Abnahme.* Es müsste »ein halbes Kind« pro Person sein! Wie das gehen soll? Nun, jeder Mensch hätte dann das Recht, seine/ihre »Hälfte« mit der »Hälfte« *einer* anderen Person zu verbinden. Dadurch könnte man nach einer Trennung vom Kindspartner nicht mit einer *anderen* Person *noch ein Kind* haben, denn man hat ja seine »Hälfte« schon aufgebraucht.

Finden Sie das brutal? Wie sollte man es anders lösen? Aber das ist meine persönliche Meinung und nicht gesellschaftlich bindend – und vor allem setzt es eine *Solidarität der ganzen Menschheit* voraus, die gar nicht in Aussicht steht ... weil jeder und jede meint: »Es macht ja im Ganzen nichts aus, wenn *ich* (noch) ein Kind habe« beziehungsweise »Nur die anderen, nicht *ich*«. *So denken die meisten,* und an dieser Egoismus-Hürde scheitert ein derartiges Vorhaben von vorneherein – und überhaupt: Wie sollte man einen solchen Plan durchsetzen? Eine Kindersteuer erheben, negatives Kindergeld? Den Eltern die Kinder wegnehmen? Letzten Endes werden wir wohl kaum um eine radikale Verringerung der Fortpflanzungstätigkeit herumkommen.

Und auch wenn das für mich so ziemlich die einzige Maßnahme der Neuen Weltordnung ist, die ich als *vergleichsweise human* ansehen kann, wird sie auf schreckliche und entwürdigende Weise umgesetzt. Ja, sie wird bereits umgesetzt, nämlich durch geheim gehaltene Nebenwirkungen bei Impfungen (etwa gegen Grippe und HPV), von Medikamenten, Nahrungsmittelzusätzen, Strahlenbelastungen (nicht zuletzt 5G) und auf unzähligen anderen Wegen. *Human* geht anders! Man wählt zurzeit lediglich eine Lösung, die das Sterben beschleunigt ...

Nach all dem, was hier besprochen wurde, mag man sich vielleicht fragen, was diese Welt einem Kind eigentlich noch zu bieten haben soll. Warum ein Kind in die Welt setzen, wenn es, wie bald alle anderen, versklavt werden und wohl kaum mehr eine freie Zukunft erleben wird ...?

Referenzen

- Trilateral Commission: https://infrakshun.wordpress.com/2015/01/23/puppets-players-vii-trilateral-commission
- Barry Goldwater: *With No Apologies,* Morrow, New York/NY 1979
- Transcript of Dr Lawrence Dunegan's taped reminiscences of off-the-record remarks by Illuminati Insider: http://www.citizensnewswire.org/files/NWORichardDay.pdf
- Anonym: *The New Order of Barbarians*, CreateSpace Independent Publishing Platform, 2013, ganzer Text: http://uscl.info/edoc/doc.php?doc_id=89&action=inline
- Der Masterplan: http://www.gottliebtuns.com/masterplan.htm und https://sieleben.wordpress.com/2010/10/02/was-ist-die-nwo-eine-darstellung-des-masterplans

Neue Weltordnung, Vereinte Nationen und die Theosophie

*D*ie Neue Weltordnung ist das Ergebnis einer Abfolge oder eines Netzwerks von Organisationen, die mit den Illuminaten angefangen hat und heute von den Vereinten Nationen vertreten wird. Wie bitte? Die Vereinten Nationen sind eine dunkle Kraft? Nun, der Ursprung der Vereinten Nationen ist eng mit der von Helena Petrovna Blavatsky (1831-1891) gegründeten Organisation der Theosophischen Gesellschaft verbunden, allerdings nicht direkt, sondern in einer abgewandelten Form, die durch Alice Bailey »auf uns gekommen« ist.

Helena Petrovna Blavatsky, als von Hahn-Rottenstein in der russischen Stadt Jekaterinoslaw adlig geboren (heute in der Ukraine), schrieb bereits zwölfjährig umfangreiche Texte, die ihr angeblich von einer verstorbenen Frau medial diktiert wurden. Später zeigte sich jedoch, dass diese Frau noch lebte. Helena wuchs bei ihrem Großvater auf, der eine große Bibliothek mit esoterischen Schriften hatte, die sie fleißig studierte. Sie gab an, immer wieder Geistwesen wahrzunehmen, weshalb man bei ihr ein paar Exorzismen durchführte.

Sie heiratete einen wesentlich älteren Mann, Nikifor Vladimirovich Blavatsky, vor dem sie nach drei Monaten nach Ägypten floh, immer noch Jungfrau. Nach Nikofors Tod heiratete sie 1875 Michael C. Betanelly, vor dem sie sich einige Monate danach wieder trennte, angeblich ohne die Ehe vollzogen zu haben, und trug weiter den Namen Blavatsky. Trotz dieser Entwicklung hatte sie einen Sohn, der gerüchteweise nicht ihr einziges Kind gewesen war. Schon als Mädchen soll sie in Visionen einem »Meister Morya« begegnet sein, den sie 1851 angeblich auch in körperlicher Gestalt kennenlernte und der ihr ein Lehrer war. Zu jener Zeit hatte sie in London bereits *Giuseppe Mazzini* kennengelernt, der oben im Zusammenhang mit Albert Pike erwähnt wurde. An ihn war nämlich Pikes Brief über die Neue Weltordnung gerichtet gewesen.

Hier gibt es also einen bemerkenswerten Berührungspunkt zweier Bewegungen im Hinblick auf unser Thema, über dessen tiefere Bedeutung wir frei spekulieren dürfen.

Selbst ein Mitglied der Co-Freimaurer, einer der gemischten Logen, bei denen auch Frauen Mitglieder sein dürfen, hatte die Blavatsky einen dezidierten Standpunkt zum Freimaurertum. Über das Freimaurertum schrieb sie, die dort immerhin den 32. Grad inne hatte: »Aber sprechen Sie über eine solche Gottheit – ein ›NON-EGO‹ – mit einem heutigen Priester und Theologen, oder einfach mit einem gewöhnlichen Freimaurer von General Pikes Schule freimaurerischen Denkens, und sehen Sie dann, ob nicht der Erstere Ihnen sofort Unglauben vorwirft und der Letztere, ein Häretiker von Frankreichs ›Grand Orient‹ zu sein. Dies ist das ›*Principe Créateur*‹[7] der französischen Freimaurer. Und das führte vor zehn oder zwölf Jahren zur endgültigen Spaltung und Auseinandersetzung innerhalb der einzigen anständigen Annäherung auf diesem Globus an eine ›Universelle Bruderschaft‹ des Menschen – das heißt, Freimaurertum.« (Zeitschrift *Lucifer*, Vol. III, No. 18, Februar 1889, p. 507.) Pike war ihr also auf jeden Fall bekannt.

Albert Pike schrieb von einer »allgemeinen Manifestation der wahren luziferischen Lehre«, was man mit dem Begriff »Hervortreten der Hierarchie« (*externalisation of the hierarchy*) bei Blavatsky vergleichen kann, aber nicht er hat sie offenbar mit dem Freimaurertum bekannt gemacht, sondern der italienische Guerillakämpfer Guiseppe Garibaldi. Im Jahre 1867 soll

---

7 Mehr hierzu finden Sie auf https://sciencesetreligions.com/question/le-principe-createur/.

sie beim Schlag von Mentana dabei gewesen sein, als Garibaldi mit mehr als 12.000 Freischärlern durch die Besetzung des Vatikan die Einigung Italiens vollenden wollte.

Blavatsky channelte danach Texte, aus denen Bücher wurden, und den Anfang machten die *Mahatma-Briefe*. Ihr erschien nicht nur »Meister Morya«, sondern auch andere sogenannte Aufgestiegene Meister beziehungsweise »Mahatmas«, auch als »Die Große Weiße Bruderschaft« bezeichnet, wie Koot Hoomi (Kuthumi), Djwal Khul (»der Tibeter«) und andere. Sie wurden aufgefasst als Seelen (wohl dann in Geistkörpern) von Menschen, die sich in der physischen Verkörperung so weit entwickelt hatten, dass sie nicht wieder inkarnieren mussten. Sie seien dann in höhere Sphären aufgestiegen, und man mag sich fragen, wohin: möglicherweise auf eine Astralebene, in der sie dann hängen blieben und nicht weiterkamen? Pike soll mit »höheren Wesenheiten« Kontakt gehabt haben – also auch mit Aufgestiegenen Meistern?

Personen wie Kenneth Paul Johnson, die sich mit Blavatskys Lehren kritisch auseinandergesetzt haben in einer Weise, die von Blavatsky-Anhängern stark kritisiert wird, betrachten diese »Meister« als erfunden, psychologische Projektionen oder Fantasien. Aber es ist durchaus möglich, dass es diese »Meister« wirklich gibt. Manche von ihnen mögen sich allerdings für etwas anderes ausgeben, als sie wirklich sind. Es ist eben auch hier nicht alles Gold, was glänzt ... Johnson hat die gewagte These formuliert, dass Morya in Wahrheit Mazzini sein könnte! Blavatsky hat Mazzini wegen seiner revolutionären Ideen verehrt und – möglicherweise – mehr als nur einen Menschen in ihm gesehen und vielleicht deshalb gemeint, dieses »Mehr« sei eine geistige Präsenz von Morya.

Das Problem für Kritiker wie Johnson ist jedoch, dass Geistwesen sowie andere Dimensionen des Universums (höhere Ebenen oder Sphären) ohne passende »Amputationen« nicht in das Prokrustesbett ihres Weltbilds passen. Mazzini war Freimaurer, wie Pike, und hatte möglicherweise wie er auch »Inspirationen« von Wesenheiten bekommen. Außerdem sind Blavatskys Äußerungen zu Begegnungen mit Morya unklar und teilweise widersprüchlich.

Blavatsky reiste viel in der Welt herum und sammelte unablässig Wissen, Erfahrungen und Informationen. 1874 lernte sie in Chittenden, Vermont (USA), den Anwalt und Journalisten Henry Steel Olcott kennen. Sie nannten sich *Brotherhood of Luxor* (nicht mit *The Hermetic Brotherhood of Luxor* zu verwechseln) und gründeten zusammen eine Zeitschrift. Später wurde ihnen vorgeschlagen, eine esoterische Organisation unter dem Namen *Theosophical Society* (»Theosophische Gesellschaft«) ins Leben zu rufen, was 1875 auch geschah. Im selben Jahr fing Blavatsky an, ihr grundlegendes Werk *Isis Unveiled* (»Isis entschleiert«) zu schreiben. 1879 starteten die beiden dann die Zeitschrift *The Theosophist*. Sie fanden wichtige Kontakte in Indien und hielten sich wiederholt dort auf. 1885 fing die Blavatsky an, ihr Hauptwerk zu schreiben: *The Secret Doctrine* (»Die Geheimlehre«), das 1888 und 1889 in zwei Bänden auf insgesamt 1.500 Seiten erschien. Für diesen Zweck gründeten sie einen Verlag: *The Theosophical Publishing House*. Ab 1887 erschien auch ihre Zeitschrift *Lucifer*, die später zu *The Theosophical Review* umbenannt wurde, weil der Name sonst problematisch gewesen wäre.

Was diesen Namen anbelangt, möge ein Zitat aus *The Secret Doctrine* genug an Aufklärung über dieses Projekt geben: »Luzifer vertritt Leben, Denken, Fortschritt, Zivilisation, Freiheit und Unabhängigkeit. Luzifer ist der Logos, die Schlange, der Erlöser. Satan ist der Gott unseres Planeten und der einzige Gott.« (Übersetzt aus verschiedenen Referenzen die das Gleiche aus mehreren Texten Blavatskys zitieren, wo diese Behauptungen wiederholt vorkommen.)

Ihr Hauptwerk *The Secret Doctrine* bezeichnete sie als ihren Kommentar zu einem Text namens *The Book of Dzyan* (»Das Buch Dzyan«, auch *Stanzas of Dzyan*), den sie angeblich in Tibet kennengelernt hatte. Verschiedene Gelehrte suchten leider vergeblich nach diesem Buch und bezeichneten es schließlich als reine Erfindung. Und es gab noch andere angebliche Texte, auf die Blavatsky sich bezog, die aber ebenfalls nicht auffindbar waren, und die Sprache »Senzar«, in der diese Texte geschrieben sein sollen, blieb immer ein ungeklärtes Rätsel. Ihr selbst zufolge (*Isis Unveiled I*) soll es sich um eine alte Form des Sanskrit gehandelt haben. Neuerdings ist die Idee aufgetaucht, dass Senzar die Sprache sein könnte, in der das rätselhafte Voynich-Manuskript abgefasst wurde. Die Bemühungen, diesen Text zu entziffern, deuten bislang darauf hin, dass es sich um eine Form des Alttürkischen handeln könnte. Es ist jedoch unklar aus welchem Grund man diese Sprache für Senzar hält – das scheint mir eher eine Spekulation zu sein.

Im Jahre 1890 ernannte Blavatsky die linke Aktivistin und Frauenrechtlerin Annie Besant (1847-1933) zur Leiterin der *Blavatsky Lodge*, der englischen Abteilung der *Theosophical Society*. Besants Haus wurde damit zum Hauptquartier der Bewegung, und bereits 1891 starb Blavatsky in enem Haus an einer Erkältung, die für ihre seit längerer Zeit kranken Nieren wohl zu viel geworden waren. Olcott blieb in Indien, um dort für die *Theosophical Society* zu arbeiten.

Dies ist eine kurze Darstellung einer Entwicklungsgeschichte, die offensichtlich mit unsichtbaren Einflüssen aus geistigen Ebenen stark verbunden ist, wozu natürlich auch Wesenheiten im Dienste der Anunnaki gehört haben dürften. Es kann wie eine Vorbereitung auf eine nächste Stufe betrachtet werden, mit einer deutlich abweichenden Entwicklung durch Alice Bailey.

Es mag letzten Endes noch erwähnt werden, dass die Tätigkeiten der *Theosophical Society* in Indien, mit Zentrum in Adyar bei Madras (heute Chennai), dazu beigetragen haben, dass wertvolle alte Sanskritwerke Aufmerksamkeit erhielten und auch endlich übersetzt wurden. Das ist durchaus eine Anerkennung wert. Einige dieser Schriftstücke wären sonst möglicherweise verloren gegangen.

Alice Baileys abgewandelte Theosophie

Alice Bailey (1880-1949) war in zweiter Ehe mit dem Hochgradfreimaurer Foster Bailey verheiratet, und man darf wohl vermuten, dass er einen entsprechenden Einfluss auf sie hatte. Sie versuchten, nach und nach in ihrem Sinne auf die Theosophische Gesellschaft Einfluss auszuüben, was aber zu einem Konflikt mit Annie Besant führte, der damit endete, dass sie ausgeschlossen wurden. Sie gründeten dann die *Lucifer Publishing Company*, um Schriften und Bücher von Alice Bailey an die Öffentlichkeit zu bringen. Man sah allerdings bald ein, dass dieser Name zu negativen Reaktionen führen konnte, änderte ihn verniedlichend zu *Lucis Publishing Company* und erweiterte später die Tätigkeit unter der Bezeichnung *Lucis Trust*.[8] Diese Organisation bestreitet zwar heute, dass sie ursprünglich den Namen »Lucifer« trug, aber die historischen Tatsachen lassen sich nicht leugnen. Die Baileys wollten glauben machen, dass der Name ihrer Bewegung eigentlich nichts mit der Wesenheit Luzifer zu tun habe, sondern nur mit dem lateinischen Wort *lucis* als einer Bezeichnung für »Licht«. Das sieht mir ein bisschen wie eine Ausrede aus. Ihre Bewegung wurde dafür kritisiert, dass sie in vielem nicht mehr mit jener übereinstimmt, die Blavatsky gegründet hatte. Ihre Bewegung wurde eine andere.

Höchst bemerkenswert ist der wiederholte Begriff »luziferisch« in dieser Entwicklung. Lucis soll wohl eine Diminutivform von Lucifer sein (etwa »Luziferchen«), und die doppelte Bedeutung des Wortes *trust* mag eine unterschwellige Botschaft sein – so etwas wie »Vertraue in Luzifer«. Das passt zu dem satanistischen Charakter der Neuen Weltordnung.

Alice Bailey behauptete ebenfalls, mit höheren geistigen Wesenheiten in Kontakt zu stehen, genau wie Blavatsky mit Aufgestiegenen Meistern wie Koot Hoomi, Djwal Khul und

---

8   Das englische Wort »trust« bedeutet »Stiftung«, als Verb aber auch »vertrauen«. »Lucis« könnte ein Kosename für Luzifer sein. Wenn dem so ist, bedeutet die Firmenbezeichnung sowohl »Luzifer-Stiftung« als auch – noch krasser – »Vertraue Luzifer«.

anderen. Der ersteren dieser Wesenheiten, Kuthumi, wollte Alice Bailey bereits als junges Mädchen begegnet sein und danach immer wieder. Was sie dann niederschrieb, sei alles von solchen Wesenheiten diktiert oder gechannelt worden oder aus ihren Belehrungen heraus entstanden. Wie zu erwarten ist, wurde das natürlich immer wieder angezweifelt (und von Annie Besant scheinbar beneidet), und man warf der Blavatsky massiv vor, das Ganze erfunden zu haben.

Meine Meinung dazu ist, dass Channelings nicht pauschal zu verwerfen sind, aber ich möchte zur Vorsicht mahnen, weil dabei Wesenheiten jeder Art auftreten können, die Menschen mit echten Wahrheiten, Scheinwahrheiten, Halbwahrheiten und Lügen faszinieren wollen. Es ist ein gängiger Trick, eine Person anzusprechen, als sei sie jemand Besonderes oder in einer früheren Inkarnation eine bekannte Persönlichkeit gewesen. Wie kann man hier die Spreu vom Weizen trennen? Mein Rat ist, in einem solchen Fall immer die Frage zu stellen: »Kommst du in Christi Namen?«, wobei ich den wahren Christus meine und nicht den Scheinchristus der Kirche. Kommt darauf ein klares Ja, würde ich zuhören. Sonst weicht die Wesenheit eher aus, als dass sie »Nein« sagt: »Warum fragst du das?« – und Ähnliches. Das ist dann Antwort genug.

Der *Lucis Trust* und damit zusammenhängende weitere Organisationen wie die Arkanschule, regelmäßige Meditationsveranstaltungen und anderes mehr haben einen nicht geringen Einfluss auf die Vereinten Nationen gekommen, auch durch die Einbeziehung bedeutender Persönlichkeiten der »Elite«. Sie wird durch ein internationales Gremium gesteuert, zu dessen Mitgliedern angeblich Personen gehören wie John D. Rockefeller, Robert S. McNamara und Henry Kissinger. Damit wird

Baileys okkulte Organisation in eine internationale Konspiration von elitären Organisationen eingebunden wie *Council on Foreign Relations*, die Bilderberger und die Trilaterale Kommission. Der *Lucis Trust* hatte einige Jahrzehnte lang seinen Sitz an der *United Nations Plaza* in New York, heute an der *Wall Street*, und unterstützt weltweit die Arkanschule, *World Goodwill*, *Triangles*, *Lucis Publishing*, *Lucis Productions*, *Lucis Trust Libraries* und die neue *Group of World Servers*. Sie betreibt einen Meditationsraum im UN-Gebäude. Lucis Trust ist auch als Verlagshaus für die Vereinten Nationen tätig.

Alice Bailey stellte den folgenden Zehn-Punkte-Plan auf:

1. Gott und Gebete aus der Erziehung herauslassen
2. die Autorität der Eltern über ihre Kinder abbauen
3. Familienstrukturen aufbrechen
4. freie Sexualität mit legaler und kostenloser Abtreibung
5. Scheidungen vereinfachen, Befreiung von Fesseln einer lebenslangen Ehe
6. Homosexualität als alternativen Lebensstil anerkennen
7. die Kunst abwerten und entarten lassen
8. durch öffentliche Medien Denkweisen ändern und fördern
9. eine interreligiöse Bewegung schaffen
10. Regierungen dazu bringen, alle diese Punkte zu Gesetzen zu machen, und die Kirche dazu bringen, diese zu fördern

Die Ähnlichkeit mit der Neuen Weltordnung ist nicht zu übersehen ... Man mag sich auch deshalb fragen, ob zu den angeblich »Aufgestiegenen« vielleicht auch Anunnaki gehören. Auf jeden Fall werden diese hinter den Kulissen der

Weltbühne mitgewirkt haben, weil ihnen nicht entgangen sein konnte, dass mit dieser Bewegung ein Ansatz für eine neue Religion möglich war. Wohlgemerkt: nicht auf der Basis des kirchlichen Christentums, sondern von *New Age*-Ideen. Zu Letzteren gehören nicht nur verschiedene Naturreligionen, sondern auch östliche Religionen und Philosophien, was an sich in Ordnung sein dürfte, solange diese vom sich heute ausbreitenden Satanismus getrennt betrachtet werden. Doch leider hat davon vieles in das *New Age* Einzug gehalten … Manche wollen auch das Gnostische Christentum in den *New-Age*-Mystizismus einreihen, in Unkenntnis der Tatsache, dass es aus dem von Jesus gelehrten *Urchristentum* entstanden ist, das anschließend durch ein von Paulus abgewandeltes Pseudochristentum ersetzt wurde, um für die entstehende Kirche eine Grundlage zu bilden.

Alles strebte auf die Neue Weltordnung zu, die auf die absolute Herrschaft über die Menschen abzielt. Wie der Bankier Paul Warburg am 17. Februar 1950 vor dem amerikanischen Senat sagte: »Wir werden eine Weltregierung haben, ob wir wollen oder nicht. Die einzige Frage ist, ob diese Regierung durch Unterwerfung oder Einverständnis erreicht wird.«

Und zur Errichtung der Neuen Weltordnung dient auch die Organisation *Lucis Trust*, ein »Ableger« der klassischen *New Age*-Bewegung. Der Gründer der bekannten *Findhorn Foundation* in Schottland, David Spangler, hat dazu gesagt: »Niemand wird in die Neue Weltordnung eintreten … wenn er oder sie nicht das Gelübde ablegt, Luzifer zu verehren. Niemand wird in das *New Age* eintreten, wenn er nicht die luziferische Initiation auf sich nimmt.« (*The Reimagination of the World*). Und wer ist Luzifer? Wie ich in *Buch 1* erörtert habe, steckt dahinter der Anunnaki Enki. Jeder kann es dort in dem Kapitel »Wer sind Enki und Enlil?« nachlesen.

In manchen Texten werden Theosophie und *New Age* doch tatsächlich als »gnostisch« bezeichnet, was ein bedauernswerter Irrtum ist. Die urchristliche Bewegung der Gnostischen Christen lässt sich nicht mit New Age vereinbaren. Wer so etwas behauptet, offenbart seine Unwissenheit in Bezug auf das Urchristentum und ihre 1945 in Nag Hammadi gefundenen Texte. Sicher können einige Ideen der christlichen Gnostiker in der *New Age* Eingang gehalten haben, aber das müsste man eigentlich als unzulässigen Ideenklau bezeichnen.

Eine Nebenbemerkung: Es ist außerdem behauptet worden, dass es einen Zusammenhang zwischen (Djwal) Khul und Howard Phillips Lovecrafts »Cthulhu-Mythos« geben könnte, sozusagen eine Art Querverbindung zwischen Lovecraft, Blavatsky und Bailey. Wollte man dieser Spekulation nachgehen, müsste man sich der Frage stellen, was es mit dem berüchtigten Text *Necronomicon* eigentlich wirklich auf sich hat. Vielleicht hat es ja auch mit dem Buch Dzyan zu tun? In diesem Zusammenhang möchte ich nur auf einen Artikel von Christopher Loring Knowles hinweisen, der in den Referenzen zu finden ist: Interessanterweise enthalten verfügbare Versionen des *Necronomicon* viel Material, das man aus mesopotamischen Schrifttafeln kennt. Damit sei für Interessenten eine Anregung zu weiteren Studien gegeben.

Referenzen

- Helena Petrovna Blavatsky: https://de.wikipedia.org/wiki/Helena_Petrovna_Blavatsky
- Helena Blavatsky says Lucifer is Satan – Freemasons seek Lucifer's

- Energy: https://groups.google.com/forum/#!topic/alt.freemasonry/YSC52KZ9P2s
- H. P. Blavatsky Quotes: https://www.azquotes.com/author/1509-H_P_Blavatsky
- Blavatsky's Frauds, Satan & the World Teacher: http://www.stuartwilde.com/2012/10/blavatskys-frauds-satan-the-world-teacher
- The history of the fourth race: https://www.theosociety.org/pasadena/sd/sd2-1-13.htm
- K. Paul Johnson: *The Masters Revealed: Madame Blavatsky and the Myth of the Great White Lodge*, State University of New York Press, Albany, NY, 1994
- Morya (Wikis): https://web.archive.org/web/20180201084154/http://www.thefullwiki.org/Morya
- Djwal Khul: https://en.wikipedia.org/wiki/Djwal_Khul
- Has the Enigmatic Voynich Manuscript Code Finally Been Cracked?: https://www.ancient-origins.net/news-history-archaeology/voynich-manuscript-code-0010859
- The Externalisation of the Hierarchy: http://www.esoteric-philosophy.net/heir-extern.html
- So who is Albert Pike?: http://www.saintsagainsttyranny.com/Albert%20Pike.htm
- A comparison between H.P.Blavatsky & Alice Baily: http://www.teosofiskakompaniet.net/BlavatskyvsBailyALC.htm
- Fourteen Good Reasons to reject the Alice Bailey Teachings: https://blavatskytheosophy.com/14-good-reasons-to-reject-the-alice-bailey-teachings
- A Critical Look at the Claims and Teachings of Alice A. Bailey: http://www.blavatskyarchives.com/baileyal.htm
- Über die Arkanschule: https://www.lucistrust.org/de/arcane_school/about_as
- Alice Bailey New Age Agenda: https://amos37.com/abna1
- James Warburg before the Subcommittee on Revision of the United Nations Charter: https://en.wikisource.org/wiki/James_Warburg_before_the_Subcommittee_on_Revision_of_the_United_Nations_Charter
- United Nations: https://theosophy.wiki/en/United_Nations
- The Spiritual Foundation of the United Nations: https://www.bibliotecapleyades.net/sociopolitica/esp_sociopol_lucytrust04.htm
- Alice Bailey and the United Nations: http://amazingdiscoveries.org/S-deception_UN-Alice-Bailey_World-Goodwill

- Alice Bailey and the Lucis Trust: https://www.bibliotecapleyades.net/sociopolitica/esp_sociopol_lucytrust05.htm
- Satanism at the United Nations and the coming antichrist: https://grandmageri422.me/2015/08/28/satanism-at-the-united-nations-and-the-coming-antichrist
- Lucifer's Trust At The United Nations: https://www.rooshvforum.com/thread-63409.html
- Lucis Trust: https://en.wikipedia.org/wiki/Lucis_Trust und https://www.lucistrust.org/about_us/support_un
- New World Order Quote of Paul Warburg: http://libertytree.ca/quotes/James.Warburg.Quote.BC08
- Support of the United Nations: https://www.lucistrust.org/about_us/support_un
- The United Nations and the New World Order: https://www.bibliotecapleyades.net/sociopolitica/esp_sociopol_un04.htm
- Die Rolle der Vereinten Nationen und die Neue Weltordnung: http://paper.olaf-freier.de/uno.htm
- Illuminaten-UNO: https://web.archive.org/web/20171123153542/https://new.euro-med.dk/20160728-illuminaten-uno-das-bose-herz-der-nwo-und-ihrer-eu-vasallen.php
- The United Nations' Global Government: http://pdf.amazingdiscoveries.org/Section%20PDFs/The%20United%20Nations%20Global%20Government.pdf
- The United Nations and the New Age: https://www.wayoflife.org/database/unandnewage.html
- Alice Bailey's 10-point Plan: https://battlecryforchrist.blogspot.com/2013/12/alice-baileys-10-point-plan.html
- Christopher Loring Knowles – Lovecraft's Secret Source for the Cthulhu Mythos: https://web.archive.org/web/20170317111328/http://secretsun.blogspot.com/2014/08/lovecrafts-secret-source-for-chthulu_9.html
- David Spangler, William Irwin Thompson: *The Reimagination of the World*, Bear & Co, 1991
- Constance E. Cumbey: *The Hidden Dangers of the Rainbow – The New Age Movement and our Coming Age of Barbarism*, Huntington House, 1983. – Vergriffen, wird heute zu Preisen bis 100 Euro angeboten, ist jedoch als PDF hier zu haben: https://archive.org/details/HiddenDangersOfTheRainbow, und http://www.banner.org.uk/media/books/HiddenDangersOfRainbow.pdf

Das Ziel der Neuen Weltordnung

Wir haben bereits festgehalten, dass die Neue Weltordnung satanischer Herkunft ist. Aber woher kommt dieser offensichtlich satanistische Bezug? Versucht man die Entwicklung historisch rückwärts zu verfolgen, von den Whistleblowern Dunegan und Day aus, gelangt man bald zu den Vereinten Nationen und entdeckt den bemerkenswerten Einfluss, den Alice Bailey durch ihre Veröffentlichungstätigkeit mithilfe des *Lucis Trust* und ihre hintergründigen spirituellen Aktivitäten auf diese Organisation genommen hat. Sie hat dazu die Theosophie der Blavatsky übernommen und in abgewandelter Form fortgesetzt. Ihre »Theosophie« ist in mancherlei Hinsicht eine andere als die von Blavatsky. Also ist es sinnvoll, eine Darstellung der Entwicklung mit ihr anzufangen.

Blavatsky gab an, durch eine Art Channeling Informationen und Belehrungen von Aufgestiegenen Meistern erhalten zu haben, und auf dieser Grundlage entstand ihre Bewegung. Es bleibt jedoch die Frage offen, ob diese Channelings wirklich von höheren Wesen kamen oder es sich nicht möglicherweise um eine Bestrebung von Wesen handelte, eine neue Art von Religion einzuführen, um damit die Menschheit auf diesem Planeten zu manipulieren und die Entwicklung in eine von ihnen erwünschte Richtung zu lenken. Im letzteren Fall könnte es sich um Anunnaki gehandelt haben.

Ein Ziel dieser Weltordnung ist zweifellos eine Zweiklassengesellschaft mit einer Elite, der die große Masse der Menschen sklavenmäßig dient. Diese Sklaven müssen deutlich erkennbar sein, wozu ein neues Rassekonzept nützlich ist. Scheinbar antirassistisch wird eine Mischrasse im Volk angestrebt, die am Ende weder weiß noch dunkel ist und eine nicht allzu hohe Intelligenz haben soll (IQ unter 100), so dass die Einzelnen tun, was man ihnen sagt, ohne nachzudenken und ohne Fragen zu stellen. Nur die Elite soll als »weiß« erkennbar sein und echte Intelligenz aufweisen. Eine Person, die in diesem Sinne einen Plan ausarbeitete, war der Graf von Coudenhofe-Kalergi.

Heute erleben wir, wie diese Pläne verwirklicht werden ...

*Manipulation
durch Sexualität*

Sexualität

Es fällt deutlich auf, dass die Sexualität ein besonderes Thema für die Neue Weltordnung ist, das zeigt auch der Zehn-Punkte-Plan von Alice Bailey. Ein Grund dafür ist sicherlich die beabsichtigte Begrenzung des Bevölkerungswachstums, aber es geht zweifellos noch um andere Aspekte. Bailey hat weitere förderliche Zusammenhänge gefunden: »Baut Kliniken zur Abtreibung und bringt Gesundheitskliniken in die Schulen. Wenn Menschen am Sex Freude haben sollen und ihn in Beziehungen genießen, brauchen sie die Freiheit von Ängsten. Mit anderen Worten: Das soll nicht durch ungewollte Schwangerschaften und Krankheiten behindert werden.« Und der Kinderarzt Professor Dr. Richard Day hat ins selbe Horn geblasen, als er bei seinem langen Vortrag erklärte, dass die Sexualität ja etwas sehr Angenehmes sei und deshalb frei sein müsse, und das in jeder Form, deshalb also von Zeugung abgekoppelt werden müsse. Blavatsky hingegen hat zu Keuschheit geraten und ein zölibatäres Leben empfohlen.

Anscheinend will die Neue Weltordnung uns viele Freiheiten und Formen von Lebensfreude nehmen, dafür aber die Freuden der Sexualität bieten. Beschränkung des Bevölkerungswachstums, Akzeptanz der Homosexualität – diese und ähnliche Propagandamaßnahmen werden zumeist positiv aufgenommen, weil sie doch vermeintlich jedem Menschen zugute kommen. Allerdings geht es sicher zu weit, wenn entsprechende Lebensstile systematisch *gefördert und propagiert* werden. Meiner persönlichen Auffassung nach gilt dies noch mehr, wenn man sich darum bemüht, die Gesellschaft mit sexuellen »Zwittern« zu »ergänzen«, die weder Mann noch Frau sind, wie bei der heute propagierten Genderideologie. Auch hier haben wir es selbstverständlich mit *Mitmenschen* zu tun, wovon aber einige in eine tückisch gestellte politische Falle geraten sein dürften, mit vordergründigen sowie verheimlichten Absichten. Berichten im Internet und in den Medien nach sind viele dieser Mitmenschen auf Dauer auch nicht sehr glücklich, bei Selbstmorden und Selbstmordversuchen in 30 bis 50 Prozent der Fälle. Offensichtlich müssen wir Wege finden, mit Sex anders umzugehen, aber mitmenschlich wohlwollend.

Zweifelsfrei zu weit gehen gewisse aktuelle Tendenzen zur Akzeptanz von Pädophilie! Der Spruch »Pädophilie ist eine Persönlichkeitsstörung und nicht ein Verbrechen« gilt nur bedingt, denn sobald diese Störung ausgelebt wird, wird sie zum Verbrechen, weil dadurch ein Kind fürs Leben bis in die Seele hinein geschädigt wird. Und hier sprechen wir noch nicht einmal von den satanistischen und rituellen Hintergründen, für die Kinder in regelrechten Fabriken massenweise gezüchtet und gehalten werden – aus Gründen von Perversion und Profit ...

Wozu brauchen wir eigentlich Sexualunterricht schon im Kindergarten, bei dem Kinder durch Rollenspiele und in anderer Weise mit dem Thema Sexualität in allen Formen vertraut gemacht werden? Es wird behauptet, dass man damit zum Schutz gegen Missbrauch beitragen wolle, weil das Kind darauf aufmerksam gemacht werde, wenn jemand entsprechende Absichten hege. Dabei ist das Gegenteil der Fall: Das Kind wird neugierig gemacht, so dass es sich eher auf ein »Spiel« mit einem Erwachsenen einlässt. Haben wir es hier wiederum mit den oben genannten vordergründigen beziehungsweise verborgenen Absichten zu tun? Eine weitere Absicht sei angeblich, dass das Kind sich selbst finden und feststellen können soll, ob es sich mehr als Junge oder als Mädchen fühlt. Dafür ist es aber im Kindergarten eindeutig viel zu früh, es führt dort eher zu Verwirrung – die vielleicht auch eine verborgene Absicht ist.

Es ist doch eigenartig, dass unsere Gesellschaft derart sexualisiert worden ist und Sexualität auch in der Neuen Weltordnung eine große Rolle spielt. Woher kommt das? Ein Mittel dazu dient zweifellos auch der Gebrauch von sexuellen Reizen in Reklame und Werbung aller Art. Die Werbung ist bestrebt, ein Produkt *unterschwellig* mit einem an sich angenehmen Gefühl sexueller Art zu verbinden, um den Verkauf zu fördern. Somit werden wir ständig und überall mit sexuellen Signalen berieselt, in allen Medien und in allen Unterhaltungsformen, und sind uns dessen nicht einmal bewusst. Alles nur fürs Geschäft. Siehe die Bücher von Wilson Bryan Key.

Erinnern wir uns: Sexualität spielt bei jeglichen Ritualen und Opferungen an Satan eine sehr große Rolle. Satanistisch orientierte Geheimgesellschaften sind geradezu sexbesessen. Und unsere Gesellschaften befinden sich fest in ihrem Griff. Wer den Film *Eyes Wide Shut* (»Augen weit geschlossen«) von Stanley Kubrick von 1999 kennt, hat einen Einblick in diese Welt bekommen. Dass die Filmhandlung im Prinzip realistisch mit der dort beschriebenen Welt übereinstimmt und so ein Geheimnis gelüftet hat, wird wohl der Grund sein, weshalb Kubrick kurz nach der Fertigstellung starb – nach Vermutung vieler keineswegs eines natürlichen Todes.

Die Anunnaki scheinen ein sehr großes Interesse an unserer Sexualität zu haben. Schon in der Bibel steht, dass ihre »Wächter« (»die Söhne Gottes«), als sie zur Erde kamen, von der Schönheit der Töchter der Menschen angezogen wurden und verbotenerweise Sex mit ihnen hatten (*Buch 1*, Kapitel »Die ›Söhne Gottes‹«), und sie gebaren »große Männer«. Das Verbot betraf wahrscheinlich nicht den Sex an sich, sondern bezog sich höchstwahrscheinlich darauf, nicht durch Zeugung ihre Gene in die Menschheit zu bringen, weil diese sich dadurch schneller als erwünscht entwickelte.

Referenzen

- I Want My Sex Back – Transgender people who regretted changing sex: https://www.youtube.com/watch?v=-pxxBQm114k
- Transgender Kids (LGBTQ+ Kids Documentary) – Real Stories: https://www.youtube.com/watch?v=qV8b8hsQups
- Suicide and Suicidal Behavior among Transgender Persons: https://web.archive.org/web/20200317072928/https://www.ncbi.nlm.nih.gov/pmc/articles/PMC5178031/
- Shocking Rates of Attempted Suicide Among Trans Adolescents: https://www.hrc.org/blog/new-study-reveals-shocking-rates-of-attempted-suicide-among-trans-adolescen
- Hintergründe der Erziehung zu »Toleranz und Akzeptanz sexueller Vielfalt«: https://fassadenkratzer.wordpress.com/2018/10/22/hintergruende-der-erziehung-zu-toleranz-und-akzeptanz-sexueller-vielfalt
- Wilson Bryan Key: *Subliminal Seduction*, Signet, 1972, und Video auf https://www.youtube.com/watch?v=GEZvnc7ksao; Media Sexploitation, Signet 1976; Clam Plate Orgy, Signet, 1981; Sex in Advertizing, https://web.archive.org/web/20150513050705/https://ase.tufts.edu/gdae/CS/Subliminal.pdf

Geheimgesellschaften

Die Darstellung sexueller Gewalttätigkeiten ist heute verbreiteter denn je, auch in den Medien und besonders bei den freien und alternativen Sendern, wo man sich nicht an »politische Korrektheit« (siehe das Kapitel »Politische Korrektheit gegen das Christentum« in *Buch 2*) zu halten braucht und deshalb über vieles berichtet, was die offiziellen Medien lieber verschweigen. Und diese Berichterstattung ist letzten Endes ja auch gut so. Pädophilenringe mit geheimem Kontaktservice wurden wiederholt entlarvt, und die allgemeine – nicht nur pädophile – Vergewaltigungsstatistik hat – nicht erst seit der Migration – enorm zugenommen. Neue Fälle von organisiertem pädophilen Missbrauch, etwa in Waisenhäusern, werden ein ums andere Mal offenbar. Pädophile Verbrechen scheinen unter der Elite und in der Unterhaltungsindustrie auf der Tagesordnung zu stehen. Dazu ist wiederholten Berichten nach der organisierte Menschenhandel, das sogenannte »Trafficking«, überall auf der Welt zunehmend im Gange. Wie kann das möglich sein?

Es gibt Geheimgesellschaften, besonders in der Tradition der Freimaurer, die magische Rituale praktizieren. In diesen Gesellschaften ist es Pflicht, an solchen Ritualen teilzunehmen und entsprechende Handlungen zu vollziehen, Opferungen an satanische Mächte, energetisch und häufig sogar körperlich. Das erhöht praktischerweise auch gleich die Erpressbarkeit der Beteiligten. In der Unterhaltungsindustrie haben eine Menge Künstler bereits öffentlich zugegeben, für den eigenen Erfolg ihre Seele an Satan oder die Illuminaten verkauft zu haben. Den Erfolg haben sie dann auch bekommen, jedoch zu einem Preis, den sie erst noch entrichten müssen – in einem Weiterleben nach dem Tod, an das sie vermutlich nicht einmal glauben.

Auch viele hochrangige Politiker sind Mitglieder satanistischer Organisationen, wie etwa von *Skull and Bones*, die jährliche Zusammenkünfte im kalifornischen Bohemian Grove abhält. Sie machen mit, um an Macht zu gelangen, die ihnen nicht wirklich zusteht. In Großbritannien gibt es die *Piers Gaveston Society*, in der bei einer Einweihung David Cameron, der ehemalige Premierminister des Vereinigten Königreichs, sich mit dem Penis in einem Schweinskopf hat fotografieren lassen. Das wurde nachher natürlich irgendwie wegerklärt. Es gibt viele solcher Beispiele und viele Geheimgesellschaften, deren Existenz nicht immer geheim ist – aber das, was darin vor sich geht. Was ist der Grund für solche rituellen Handlungen?

In der katholischen Kirche kommt, wie eigentlich jedem inzwischen bekannt sein müsste, der Missbrauch häufig vor. Und es wurde verfügt, dass solche Fälle nicht der Polizei gemeldet werden, sondern nur der Kirchenbehörde, die oft den Täter ohne weitere Maßnahmen lediglich versetzt.

Referenzen

- Elite pedophilia: http://freedom-articles.toolsforfreedom.com/prince-andrew-bill-clinton-elite-pedophilia
- Illuminati Symbolism by Popular Music Artists: http://commonsenseconspiracy.com/2011/10/illuminati-symbolism-by-popular-music-artists/?PageSpeed=noscript
- Satanic Politicians: https://www.youtube.com/watch?v=RxDIrkcI0E0

- The Order of the Skull and Bones: https://conspiracyarchive.com/NWO/Skull_Bones.htm
- Bohemian Grove: https://www.youtube.com/watch?v=sO_8dzG6aOw
- Piers Gaveston Society: https://en.wikipedia.org/wiki/Piers_Gaveston_Society
- Piggate: https://en.wikipedia.org/wiki/Piggate
- Testimony of Ronald Bernard about heavily damaged children and our liberation: https://www.youtube.com/watch?v=lAv0aLq6V_s
- Banksters vs. Slaves & 5G Depopulation Agenda: https://www.youtube.com/watch?time_continue=2368&v=CjWhYOqoPUc

Wesen in anderen Dimensionen

Oben wurde im Zusammenhang mit Albert Pike und seiner Darstellung eines teuflischen Plans für die Menschheit, zu dem drei Weltkriege gehören, erwähnt, dass es in den unzähligen Dimensionen der Schöpfung noch andere Lebensformen geben wird als die, die wir aus »unseren drei« Dimensionen kennen. In fundamentalistischen christlichen Kreisen scheint man davon auszugehen, dass solche Wesenheiten nur dämonischer Natur sein können.

Widerspricht das nicht der wahren christlichen Lehre? Als Jesus davon sprach, dass das Haus seines Vaters viele Wohnungen hat (Johannes 14,2), kann er durchaus auch noch andere Planeten und Dimensionen gemeint haben als unseren »Ententeich«, mit anderen Wesen als auf der Erde. Als er von der Liebe zum Nächsten sprach, wird sich das nicht auf die Liebe zum Menschen vor, neben oder hinter einem beschränkt haben, nicht auf die drei Dimensionen. Er sprach von einer kosmischen, allumfassenden Liebe. In »andere Wohnungen« zu gehen bedeutet nicht zuletzt, in andere Welten zu gehen, räumlich wie dimensional, und dort gilt dieselbe kosmische Liebe – die göttlicher Natur ist und alles miteinander verbindet. Wir dürfen also annehmen, dass es auch »da draußen« Welten und Wesenheiten gibt, die uns übel oder wohl gesonnen sind. Jedoch scheint es im Zusammenhang mit Missbrauch, Gewalt und satanistischen Ritualen um Wesen zu gehen, die uns als minderwertig betrachten und sich uns gegenüber eher bösartig verhalten.

Es gibt Anlass zur Vermutung, dass die betreffenden Wesen sich von unserer Lebensenergie ernähren. Wir dürfen uns das ungefähr so vorstellen, wie wir uns vermeintlich zwar von Tieren und Pflanzen, im Grunde aber von deren Energie ernähren. Beim Tod eines Menschen werden, während die Seele ihn verlässt und in andere Dimensionen hinübergeht, die im menschlichen Körper vorhandenen Energien freigesetzt. Diese Lebensenergien können solche Wesen zu sich nehmen. Es versteht sich eigentlich von selbst, dass sie es lieber sehen, wenn ein Mensch frisch und aktiv stirbt, zum Beispiel bei einem Unfall, auf dem Schlachtfeld oder durch Mord. Dann ist der Körper noch voller Lebensenergie. Stirbt der Mensch an Altersschwäche oder Krankheit, gibt der Körper nicht mehr so viele aufbauende Energien her.

Aber es wird noch schlimmer: Adrenalin spielt eine Rolle. Bei intensiven negativen Gefühlen wie Zorn, Panik, Hass, Schmerz oder Todesangst etwa unter der Folter werden chemische Stoffe ausgeschüttet, die zu bestimmten Zeitpunkten dem Stammhirn entnommen und als Droge genutzt werden. Schon während der Hexenverfolgung war das bekannt, und es ist auch der bestimmende Faktor für die rituelle Folter von Frauen und Kindern, deren Blut man anschließend trinkt. Will eine negative Wesenheit die Lebensenergie eines Menschen zu sich nehmen, ist es darum oft mit Blutvergießen verbunden. Ja, der Vampirismus, der im Volksglauben schon so lange die Runde macht, ist alles andere als ein Märchen – er ist absolut wahr.

Eine ganz besondere Energie ist dabei die sexuelle Energie. Wird sie angstfrei und in gegenseitiger *Liebe* gelebt, findet ein *Energieaustausch* zwischen den Partnern statt. Die Energie der beiden bewegt sich dann in einem Kreislauf, der die Partner zusammenführt und gemeinsam nicht nur Lust, sondern vor allem auch Harmonie und Glück empfinden lässt. Sind aber die sexuellen Gefühle einseitig, dann ist sozusagen ein Türchen nach außen offen und eine unsichtbar anwesende Wesenheit kann leichter in das Energiefeld des Menschen eintreten. Darum ist diesen Wesen sexuelle Gewalt angenehm, denn es kann die negativen Gefühle des Opfers wie Panik, Terror, Angst, Wut, Hass und Ekel dann leichter in sich aufnehmen.

Ich möchte jetzt noch einmal auf das Adrenalin im Blut zurückkommen, das bei extrem negativen Gefühlserlebnissen in einer bestimmten chemischen Form an den Kreislauf abgegeben wird. Der so entstehende Stoff heißt *Adrenochrom*. Was früher wohl eher eine von Wesenheiten inspirierte »Entdeckung« im Zusammenhang mit Opferung und kannibalistischen Orgien war, hat damit eine wissenschaftliche Erklärung bekommen. Es ist anzunehmen, dass bei solchen Orgien Wesenheiten anwesend sind, die diese Substanz in irgendeiner Weise »feinstofflich« zu sich nehmen. Verschiedene Berichte stellen Adrenochrom zwar als ziemlich harmlos dar und sagen, dass die behaupteten Wirkungen übertrieben seien, aber dabei könnte es sich um Desinformation handeln. Vielleicht ist Adrenochrom ja ganz einfach eher instabil und verändert leicht seine chemische Konsistenz? Wenn es die behauptete Wirkung hat, wird das bei Menschen, die es zu sich nehmen, wahrscheinlich zu einer emotionalen Desensibilisierung in Bezug auf Empathie, auf Mitgefühl und Liebe führen. Und es macht offenbar abhängig. Jedenfalls scheint das der Grund zu sein, warum beispielsweise der ehemalige US-Vizepräsident Al Gore, der kein Bluter ist, auf seinen Reisen immer einen Koffer mit frischem Blut bei sich hat.

Manchen Menschen wird es zweifellos schwer fallen, all das zu glauben, weil es einfach nicht in ihr Weltbild passt. Außerdem riskieren sie dann ja, sich vor anderen, meistens materialistisch orientierten Menschen lächerlich zu machen. Aber ist heute in der Physik nicht allgemein anerkannt, dass das Universum multidimensional ist – also aus den unterschiedlichsten Schichten und Frequenzen besteht? Denn nichts anderes sind Dimensionen. Es sind verschiedene Schwingungsebenen, die Welten und Wahrnehmung voneinander trennen.

In meinem Hauptberuf als Regressionstherapeut habe ich inzwischen mehr als vierzig Jahre Erfahrung darin, mit solchen Aspekten der Wirklichkeit in Kontakt zu treten. Reinkarnation, der Eintritt der Seele in einen Körper, um dann in einer neuen Welt heimisch zu werden, habe ich bei meinen Klienten unzählige Male erlebt. Und viele andere Therapeuten haben im Laufe von Jahrhunderten durch eine sehr große Anzahl von Fällen, in denen das wiedererlebte frühere Leben hat bestätigt werden können, immer wieder nachgewiesen, dass Reinkarnation eine Wahrheit ist, ja geradezu eine Naturkonstante. Außerkörperliche Erlebnisse in Form von Nahtoderlebnissen haben das bestätigt. Es gibt heute Hunderttausende von Menschen, die bereits ein Nahtoderlebnis hatten, aber viele sprechen nicht davon, aus Angst, nicht ernst genommen zu werden. Sie haben erlebt, dass sie im Grunde ein körperloses Wesen sind, eine Seele, und nicht der Leib, den die Seele in dieser Welt trägt. Sie haben erlebt, dass sie nicht zum ersten Mal hier sind.

Weitere beweiskräftige Indizien finden wir in der Tatsache, dass die Rückführungstherapie funktioniert und Menschen helfen kann, schwere Probleme zu lösen. In meiner Tätigkeit habe ich unzählige konkrete Erlebnisse gehabt, die keinen Zweifel daran lassen, dass andere Wesenheiten Menschen beeinflussen, dass sie Menschen manipulieren und ihnen die Energie nehmen können. Das rationale Denken jedoch meint, so etwas nicht glauben zu dürfen. Erziehung und Studium bläuen uns das unablässig ein – auch das gehört zur satanistischen Strategie.

Referenzen

- Adrenochrom & Anti-Aging – Weshalb so viele Kinder entführt und rituell ermordet werden: https://web.archive.org/web/20190407084704/https://www.epochtimes.de/politik/welt/adrenochrom-anti-aging-weshalb-so-viele-kinder-entfuehrt-und-rituell-ermordet-werden-a2629317.html?text=1
- Adrenochrom: https://de.wikipedia.org/wiki/Adrenochrom
- Adrenochrome – The Elite's Super Drug: https://youtu.be/hx7qy7jMH5o
- Adrenochrome – The Secret Immortality Serum All The Illuminati Use: https://www.disclose.tv/adrenochrome-the-secret-drug-all-the-illuminati-use-324656

- Horrible, impossible truth about a drug called »adrenochrome«: https://www.reddit.com/r/nosleep/comments/5rv75f/i_just_learned_the_horrible_impossible_truth
- Robert David Steele on »Adrenochrome«: https://www.youtube.com/watch?v=zRF3QeQ8gUI
- Weshalb so viele Kinder entführt, grausamst gefoltert und rituell ermordet werden: https://dieunbestechlichen.com/2018/09/adrenochrom-anti-aging-weshalb-so-viele-kinder-entfuehrt-grausamst-gefoltert-und-rituell-ermordet-werden
- Young blood transfusion: https://en.wikipedia.org/wiki/Young_blood_transfusion

Was ist Magie?

Schwarze Magie funktioniert tatsächlich! Aber nicht so, wie meistens angenommen wird. Einige meinen, dass man sich der Schwarzen Magie bedienen kann, wenn man bestimmte Techniken lernt, die in manchen Büchern beschrieben werden. Aber so einfach ist es nicht. Sie funktioniert nur mithilfe negativer Wesenheiten, die »assistieren« und dabei helfen, das zu erledigen, was man erledigt haben will. Nur dann funktioniert sie – und zu einem hohen Preis!

Bedient man sich der Schwarzen Magie ohne dieses Wissen, zieht man eines oder mehrere solcher Wesenheiten an. Man gerät selbst unter deren Einfluss und »verkauft« ihnen seine Seele. Man wird von der dunklen Wesenheit beherrscht, nicht umgekehrt. Und man macht sich ein prächtiges Karma, das man in neuen Inkarnationen abbezahlen muss. Die Wesenheit, mit der man meinte, zusammenzuarbeiten, drängt sich nämlich im nächsten Leben wieder auf und verlangt »Zahlung«.

Einer der berüchtigsten neuzeitlichen Magier war Edward Alexander Crowley (1875-1945), genannt Aleister. Er arbeitete mit einem Wesen genannt Aiwass zusammen und hatte sehr starken Einfluss auf die Geheimgesellschaften seiner Zeit – und auf spätere, die sich seine Lehren und seine Vorgehensweise zum Vorbild nahmen. In seinen Schriften und seinem Wirken im *Hermetic Order of the Golden Dawn* sowie in eigenen Ordensgesellschaften wie der *Ordo Templi Orientis* (O.T.O.) und der Kommune *Abbey of Thelema* widmete er sich besonders der Sexualmagie. Gerüchten nach soll er mit der Großmutter von George W. Bush eine außereheliche Tochter gezeugt haben, die dessen Mutter Barbara Bush war. Vielleicht ist das nur ein gelungener Aprilscherz, denn bisher gibt es keine Beweise für diese Behauptung, aber vielleicht hatte Aiwass auch wirklich etwas Entsprechendes arrangiert. Fest steht, dass Crowley freundschaftliche Beziehungen mit L. Ron Hubbard unterhielt, dem Gründer von Scientology. Crowley soll sexuelle Rituale mit Kindern befürwortet und behauptet haben, dass Sex mit einem Kind auf energetischem Wege das Leben des Täters verlängern und ihn regelrecht verjüngen könne.

Solche Rituale mit ausgeprägten sexuellen Elementen, oft mit Kindern, sind satanistische Opferungen an negative Mächte, um Macht, Einfluss und Erfolg in der Welt zu bekommen, besonders dann, wenn das Kind am Ende umgebracht und somit *vollständig* geopfert wird. Der angeblich »lebensverlängernde« Aspekt lässt sich zwar nicht beweisen, aber auf das Karma des Täters hat die Opferung in jedem Fall eine intensivierende Wirkung!

Andere Formen von Magie

*E*s gibt auch Weiße Magie. Heilungen fallen darunter, die mit paranormalen Mitteln wie Handauflegen, Fürbittengebete und Ähnliches erreicht werden. Was wir für eine andere Person wohlwollend tun, meinen wir vielleicht positiv, aber es sollte nie ohne ihr Wissen oder Wollen getan werden. Es wäre dann keine Weiße Magie mehr, sondern bestenfalls ein unerlaubter Eingriff in ihr Leben. Durch meine Tätigkeit als Regressionstherapeut weiß ich von einigen Fällen, bei denen der unbedachte Einsatz Weißer Magie zu Problemen führte. Ich habe sie in meinem Buch *Unsichtbare Einflüsse* geschildert.[9] Man sollte von so etwas besser die Finger lassen.

Oft gewünscht und praktiziert ist der Liebeszauber, von manchen Rote Magie genannt. Dabei versucht man, eine andere Person anzuziehen oder an sich zu binden. So etwas wird ziemlich sicher ungut enden, selbst wenn sich ein vorübergehender Erfolg einstellen sollte.

Eine wiederum andere Sache ist die Bühnenmagie. Hier geht es meistens um Fingerfertigkeit und raffinierte Tricks eines Illusionisten. Allerdings gibt es auch einige höchst erstaunliche Darbietungen, bei denen eine »natürliche« Erklärung wahrscheinlich zu kurz greifen dürfte. Vor dem Hintergrund des bereits skizzierten Weltbildes mit fremden Wesenheiten ist

---

9 Es trägt den Untertitel »Befreiung von anhänglichen Seelen und aufdringlichen Seelen«, erschien ursprünglich als Taschenbuch im AMRA Verlag und liegt dort jetzt als großformatiger Softcover vor.

es durchaus denkbar, dass der Magier hier unsichtbare Helfer hat, die aus einer anderen Dimension mitwirken, wobei man sich fragen darf: Zu welchem Preis?

In Anhang 2 des vorliegenden Buches wird ein Roman namens *Flächenland* erwähnt, ein Märchen über Menschen in einer zweidimensionalen Welt, zu denen ein dreidimensionaler Besucher kommt und für ihn völlig natürliche Dinge tut, die den Zweidimensionalen wie Magie vorkommen. Bei solcher Bühnen- oder Schaumagie kann es für uns Dreidimensionale in manchen Fällen durchaus analog sein.

Referenzen

- Aleister Crowley: https://en.wikipedia.org/wiki/Aleister_Crowley
- Aiwass: https://en.wikipedia.org/wiki/Aiwass
- Hermetic Order of the Golden Dawn: https://en.wikipedia.org/wiki/Hermetic_Order_of_the_Golden_Dawn
- Ordo Templi Orientis: https://en.wikipedia.org/wiki/Ordo_Templi_Orientis
- Abbey of Thelema: https://en.wikipedia.org/wiki/Abbey_of_Thelema
- George W. Bush, Barbara Bush and Aleister Crowley: http://whale.to/c/george.html
- Scientology and the occult: https://en.wikipedia.org/wiki/Scientology_and_the_occult
- Jan Erik Sigdell: *Unsichtbare Einflüsse*, AMRA, Hanau, 2012/2019
- »Magicians« Prove A Spiritual World Exists – Demonic Activity Caught On Video: https://www.youtube.com/watch?v=7fKrFeX8dRY
- The Sacred Riana: https://en.wikipedia.org/wiki/The_Sacred_Riana

Zwei Aspekte der Pädophilie

*D*er eine Aspekt ist ein pathologischer Sexualtrieb, der sich auf Kinder richtet, wofür die Ursache in einem psychisch deformierenden traumatischen Erlebnis sexueller Art in der Kindheit oder – für diejenigen, die genügend weitsichtig sind, um eine solche Erklärungsalternative zumindest für möglich zu halten – in einem früheren Leben sein kann. Nur zum Vergleich (Beispiel ohne Bewertung!): Homosexualität ist in unserer modernen Gesellschaft im Gegensatz zu Pädophilie ein anerkannter Lebensstil für Erwachsene, aber man mag sich gleichwohl fragen, woher eine solche Veranlagung kommt. Ich habe in meiner Praxis als Rückführungstherapeut eine nicht geringe Zahl von homosexuellen Klienten gehabt, deren heutiger Lebensstil die Folge eines schmerzlichen Traumas mit dem anderen Geschlecht in einem früheren Leben ist, entsprechend dem Prinzip »gebranntes Kind scheut das Feuer«. Auch andere haben dies durch Rückführungserlebnisse bestätigt.

Es ist natürlich nicht immer so, aber oft. Damit will ich keineswegs Homosexualität als krankhaft darstellen, es ist ein respektabler Lebensstil zwischen reifen Erwachsenen. Aber im Vergleich damit erscheint ein entsprechendes Trauma als eine mögliche Erklärung auch von Pädophilie. Eine andere kann die einer infantilen Unreife sein, die es nicht schafft, eine natürliche Sexualität zwischen Erwachsenen zu leben (weder hetero- noch homosexuell).

Ein weiterer Aspekt ist der *rituelle* Missbrauch, der aus den erwähnten Gründen in gewissen Geheimgesellschaften als Opferung an Satan ausgeübt wird. Es besteht kein Zweifel, dass Mitmachen an einer solchen Opferung für die Mitgliedschaft oft *gefordert* wird. Ein anderer Vergleich: Im berüchtigten Motorradverein Hell's Angels (jedenfalls in einigen Zweigen davon) wird angeblich für eine volle Mitgliedschaft verlangt, einen Mord oder ein anderes hinreichend radikales Verbrechen begangen zu haben. Bei einigen Geheimgesellschaften mag es ähnlich sein. Der sexuelle Missbrauch ist ein bequemes und für manche vielleicht sogar angenehmes Verbrechen.

Die Problematik der Vergewaltigungen

Hier dürfte es drei Aspekte geben: einerseits eine ungehemmte, egoistische Befriedigung des Sexualtriebs ohne Rücksicht auf das Opfer, was ja in jeder Hinsicht ein grobes Verbrechen ist, und andererseits eine *kulturelle Primitivität*, die die Frau als zulässige Beute betrachtet, weil sie minderwertig und nur für Sex da sei.

Der dritte Aspekt hat mit dem unsichtbaren Einfluss negativer Wesenheiten in anderen Dimensionen zu tun, die zu einer solchen Tat animieren – auch hier sollte ich wohl hinzufügen: für diejenigen, die genügend weitsichtig sind, um eine solche Erklärung überhaupt in Erwägung zu ziehen. Mir erscheint es sehr wahrscheinlich, dass bei den vielen brutalen Vergewaltigungen, die als sogenannte »Einzelfälle« heute fast zur Tagesordnung gehören, auch solche Hintergründe eine Rolle spielen und dass die offiziellen Medien viele davon vertuschen.

Der Satanismus

$\mathcal{D}$ie eben erwähnten Geheimgesellschaften sind offensichtlich satanistisch ausgerichtet. Es ist erschreckend, wie viele Satanisten sich heute in den USA »outen« – und dabei eigentlich bloß »die Spitze vom Eisberg« bilden. Es gibt dort eine *Church of Satan*. Im Jahr 2015 wurde eine Skulptur von Baphomet[10] eingeweiht, und im Januar 2016 hielt man in den USA eine große satanistische Messe ab – um nur einige Beispiele zu nennen.

Es wird behauptet, dass im Vatikan satanistische Messen und Zeremonien stattfinden und dass die zwei letzten Päpste an satanistischen Opferritualen teilgenommen hätten. Das ist sehr wahrscheinlich. Die Kirche vertritt ja nicht das wahre Christentum, sondern ist eine satanistische Fälschung der

---

10 Hier eine interessante Überlegung zur Symbolik von Baphomet: https://www.youtube.com/watch?v=7GoxbNhhRbo.

ursprünglichen Lehre des Gnostischen Christentums. (Vgl. *Buch 1* und *Buch 2*.)

Interessant im Zusammenhang mit den bereits erwähnten *Dschinns* – Wesenheiten dämonischer Natur, die im Islam so genannt werden – ist, dass auch der Islam eine Art von »Antichrist« kennt, den man wohl eher einen »Antimahdi« nennen sollte. Er wird als Daddschal (*Dajjal*) bezeichnet und ist eine bösartige Wesenheit, die erscheinen soll, bevor Imam Mahdi erscheint. Letzterer gilt als eine Art islamischer Entsprechung zu »Christus« – er kann aber nichts mit dem uns bekannten Christus zu tun haben. So wie es heute in der Welt aussieht, hat Daddschal offenbar einen sehr starken Einfluss in der Welt durch entsprechende Agenten!

Hinsichtlich Magie sind direkte Zitate aus Crowleys Schriften zu den erwähnten Themen schwer zu finden. Auf den Webseiten heutiger Anhänger seiner Lehren dominiert meistens eine unklare, vorgefasste Meinung, wie bei diesem Zitat, übersetzt aus *Magick in Theory and Practice*, Kapitel XII: »Es ist nun genug gesagt, um zu zeigen, dass das Blutopfer seit ehedem der Teil der Magie [Magick[11]] ist, mit der man sich am meisten befasst hat … Für die höchste geistige Arbeit muss man dieser entsprechend ein Opfer suchen, das die größte und reinste Kraft in sich hat. Ein männliches Kind perfekter Unschuld und hoher Intelligenz ist das am besten geeignete Opfer.« Man behauptet dann, dass diese Aussage eher symbolisch als wörtlich gemeint ist.

Eine vielleicht nicht ganz so neutral gemeine Information

---

11 Aus irgendeinem Grund bevorzugte er die Schreibweise »magick« statt »magic«, vgl. *The Difference Between Magic and Magick*, https://www.thoughtco.com/magic-and-magick-95856.

enthält ein Video mit dem Titel *Illuminati – Aleister Crowley*. Wenn wir entgegen jedem Wegerklären und Ausweichen den Text dort wörtlich nehmen, wird deutlich, dass bei geheimen Opferungen in solchen Kreisen sexuelle Ritualhandlungen der tatsächlichen Opferung vorausgehen. Wird ein Kind rituell missbraucht und geopfert, wird es angeblich zuerst durch Drogen oder Hypnose in einen Dämmerzustand versetzt (vgl. *Hypnosis in MPD: Ritual Abuse*). Zumindest behaupten das einige. Aufgrund der Aussagen von Überlebenden und der Notwendigkeit, dass der Körper des Opfers Adrenochrom produzieren soll, bin ich mir dessen aber ganz und gar nicht sicher ...

In den 1990er Jahren wurde die Affäre um den belgischen Sexualstraftäter Marc Dutroux öffentlich, der höchstwahrscheinlich vertuschte Verbindungen auf höchster Ebene in der Gesellschaft des Landes hatte und »nur« ein Beauftragter einer größeren Anzahl prominenter Mitglieder eines Pädophilenrings war. Seine Aufgabe war es, Kinder für Missbrauch und Opferhandlungen herbeizuschaffen. Einen bemerkenswerten Einblick gibt der Artikel *Beyond the Dutroux Affair*. Dutroux wurde zwar bestraft, aber andere aus dem Ring blieben frei und ihre Namen wurden nie veröffentlicht. Es dürfte selbstverständlich sein, dass jener Ring nur einer von vielen im finsteren Teil unserer Welt war und heute noch ist. Viele Skandale aufgrund pädophiler Handlungen von Politikern und Prominenten sind in den letzten Jahren öffentlich geworden, nicht zuletzt in Großbritannien. Zu den schlimmsten gehört der Skandal um die BBC-Legende Jimmy Savile, der 450 Kinder missbraucht haben soll, sogar in Sterbekliniken.

Über solche Kreise hochgestellter Personen, teilweise im Anschluss an den Fall Dutroux, kann in *Child abuse networks* nachgelesen werden. Es geht definitiv viel zu weit, wenn sogar religiöse Gründe für eine *Rechtfertigung* (»justification«) von Sex mit Kindern angeführt werden. Das weist auf satanistische Elemente in den Glaubensvorstellungen hin.

Immer wieder Satanismus – wozu überhaupt? Wir haben bereits darüber gesprochen. Wer Satan seine Seele verkauft, bekommt dafür Macht und Erfolg. Und es sind viele, die in diese Falle tappen. Es funktioniert wohl auch eine Weile, vielleicht sogar ein Leben lang. Aber was dann? Was erwartet den Satanisten nach dem Tod seines Körpers? Wir haben es bereits erwähnt: Es folgt die Abrechnung! Er wird zu einem Sklaven Satans und muss dessen Befehlen bis ins Letzte gehorchen. Kein freier Wille mehr, keine Eigenständigkeit, nur qualvoller Zwang. Solche Seelen können selbst üble Wesenheiten und Dämonen werden, weil das von ihnen verlangt wird. Sie müssen dann ihrerseits Menschen manipulieren, und nicht etwa so, wie es ihnen beliebt, sondern genau so, wie es ihnen befohlen wird – indem sie zum Beispiel Personen in führenden Positionen »besetzen« und befehlsgemäß steuern, auch Kriminelle und Übeltäter.

Ich weiß, vielen mag das alles weit hergeholt erscheinen, aber Tatsache ist, dass die Mehrzahl der Menschen in Machtpositionen nicht selbstständig handelt, sondern »besetzt«[12] ist und, ohne es selbst zu wissen, dazu gebracht wird, den Mächten der Dunkelheit zu dienen, oft durch die »Beset-

---

12 Ich unterscheide zwischen »Besetzung« und »Besessenheit«. Ist eine Person besessen, wird ihr Körper ganz oder zeitweise von einer negativen Wesenheit übernommen, die dann durch den Körper wirkt. Bei einer Besetzung beeinflusst die Wesenheit die Person, ohne den Körper zu übernehmen. Vgl. mein Buch *Unsichtbare Einflüsse*, AMRA Verlag, Hanau 2019. Hineinlesen kann man auf www.AmraVerlag.de.

zung« von Wesenheiten (im islamischen Bereich eben die Aufgabe von Dschinns). Eine ganze Menge deutet darauf hin, dass einige Menschen selbst inkarnierte Wesenheiten der dunklen Art sind und schon deshalb von den Mächten der Dunkelheit gesteuert werden.

Referenzen

- Church of Satan: https://www.churchofsatan.com
- Baphomet: https://en.wikipedia.org/wiki/Baphomet
- Eyewitnesses Testify – Pope Francis Allegedly Raped, Trafficked and Killed Children: http://tapnewswire.com/2015/09/eyewitnesses-testify-pope-francis-raped-and-killed-children-sealed-vatican-documents-expose-their-satanic-rituals/
- Al-Masih ad-Dajjal: https://en.wikipedia.org/wiki/Al-Masih_ad-Dajjal
- Daddschal: https://de.wikipedia.org/wiki/Daddsch%C4%81l
- Imam Mahdi: https://en.wikipedia.org/wiki/Mahdi
- Illuminati – Aleister Crowley: https://www.youtube.com/watch?v=MLquO6DA77M
- Aleister Crowley – Magick in Theory and Practice: https://ia600606.us.archive.org/24/items/CollectedPdfsByAleisterCrowley/AleisterCrowley-MagickInTheoryAndPractice.pdf
- Hypnosis in MPD – Ritual Abuse: http://www.whale.to/b/greenbaum.html
- Beyond the Dutroux Affair: https://isgp-studies.com/belgian-x-dossiers-of-the-dutroux-affair
- The Power of Paedophile connections in Europe and the United Kingdom: https://google-law.blogspot.com/2013/07/the-power-of-paedophiles-connections-in.html
- Jimmy Savile sexual abuse scandal: https://en.wikipedia.org/wiki/Jimmy_Savile_sexual_abuse_scandal
- Child Abuse Networks Part 1: https://aangirfan.blogspot.com/2014/04/child-abuse-networks.html; Part 2: https://aangirfan.blogspot.com/2014/04/child-abuse-networks-part-two.html; Part 3: https://aanirfan.blogspot.com/2014/04/child-abuse-networks-part-three.html
- Religious Justifications for Child Sexual Abuse in Cults: https://www.

icsahome.com/articles/religious-justifications-for-child-sexual-abuse-in-cults-kent-ijcs-2012
- Jan Erik Sigdell: *Unsichtbare Einflüsse,* AMRA Verlag, Hanau 2012 (Neuausgabe 2019)

Das Genderspektakel

Mit sehr seltenen Ausnahmen von androgynen Zwittern sind wir alle biologisch als männlich oder weiblich geboren, ob uns das nun passt oder nicht. Einige fühlen sich jedoch anders. Sie möchten dann so leben, als gehörten sie zum anderen Geschlecht, zu beiden Geschlechtern oder zu etwas dazwischen. Für solche Fälle ist unter dem Begriff *Transgender* eine umfassende spezifische Klassifikation entstanden. Das hat dazu geführt, dass sich fast niemand mehr als ganz Mann oder ganz Frau verstehen kann. Er oder sie soll auch gar nicht mehr eindeutig als das eine oder andere gelten, immerhin können wir uns in über dreißig Klassifikationen einordnen. Das führt bei vielen Menschen in unserer Gesellschaft zu einer erheblichen Verwirrung.

Zunächst ist klar, dass Transvestiten und umoperierte Transsexuelle in unserer Gesellschaft angenommen und respektiert werden müssen, denn es sind ja unsere Mitmenschen, und das nicht weniger als alle anderen. Sie haben Probleme, die uns Verständnis abverlangen sollten. Dagegen ist nichts zu sagen, wohl aber gegen gewisse Bestrebungen, die den Transgenderismus in unserer Gesellschaft systematisch *fördern.* Dabei können Menschen an ihren Chromosomen nichts ändern. Eine Frau, als Mann geboren, hat ja nach wie vor keine Eierstöcke und keine Gebärmutter ... und männliche Organe wurden entweder entfernt oder in die Bauchhöhle hineingelegt und versteckt. Entsprechendes gilt für den Mann, der als Frau geboren wurde. Übrigens muss die Simulation durch die regelmäßige Gabe von Hormonen künstlich aufrechterhalten werden.

Das Ganze wird *ad absurdum* getrieben, wenn Kinder in der Grundschule und sogar schon im Kindergarten mit einer Frage konfrontiert werden, die sie massiv überfordert. *Bereits als Vierjährige sollen sie eine Genderidentität wählen, ohne die geringste Ahnung davon zu haben, was das eigentlich bedeutet –* nämlich ob sie lieber Junge oder Mädchen sein möchten oder sich eher als das eine oder das andere fühlen, egal was für einen Körper sie nun einmal haben.

Und damit nicht genug: Jetzt sollen sie auch noch alternative Formen von Sex kennenlernen, wie Analsex, Oralsex, Sadomasochismus und dergleichen mehr. In Rollenspielen sollen sie die verschiedenen Varianten versuchen zu durchleben, ohne eine Ahnung davon zu haben, worum es wirklich geht. Sie wissen ja noch nicht einmal, was Sex tatsächlich ist.

Wie oben schon kurz erwähnt, gibt es eine Erklärung für diesen hanebüchenen Unsinn: Die Kinder sollen über Sex »Bescheid wissen« und so auf »gefährliche« Situationen vorbereitet sein. Aber hat man sich da nicht verrechnet? Ganz gewiss! Und steckt nicht vielleicht eine verborgene Absicht dahinter? *Ich bin der festen Überzeugung – und mit mir zahlreiche Psychologen –, dass dadurch eher Neugier geweckt wird, die einen Missbrauch sogar erleichtert!*

Wozu dient dieses Spektakel mit Genderidentität und alternativer Sexualität? Es scheint sich um eine *Popularisierung* alternativer Sexformen zu handeln, nach dem Motto: »Probier's halt mal aus, es könnte dir gefallen.« Eine solche Beliebigkeit in die Sexualität hineinzutragen, sie auch noch regelrecht zu *propagieren*, ist verbrecherisch und zerstört die Gesellschaft. Natürlich: Menschen sollen ihre Sexualität so leben dürfen, wie sie wollen, aber sexuelle Lebensstile als *beliebig* einzustufen, geht natürlich zu weit. Jede Struktur geht verloren: mental, körperlich, sozial. Und was wird damit erreicht? Die Auflösung der gewachsenen Gesellschaft.

Natürlich ist das ein gutes Mittel, um den Bevölkerungszuwachs zu bremsen. Trenne Sexualität und Fortpflanzung, und du erhältst eine Gesellschaft, in der du dich – wie in Aldous Huxleys Buch *Schöne neue Welt* (zweimal verfilmt) – für eine Schwangerschaft schämen musst, weil so etwas Unanständiges wie Gebären der Vergangenheit angehören sollte. Promiskuität, der Partnerwechsel, ist Normalität. Wird eine Frau schwanger, kommt der Fötus in einen Tank mit Nährlösung – und zwar in einer Menschenfabrik, in der Kinder normalerweise geklont werden. Wir sind nicht weit entfernt, wir erleben es schon jetzt in jedem Augenblick in den unterirdischen Menschenfabriken, die unseren Blicken entzogen sind. Es geht um Wachstum ohne Liebe, damit die Körper für alles benutzt werden können, was gewünscht ist – Organtransplantation, Rituale ...

Und man will auch die *Sexualität* von der *Liebe* trennen. Liebe wird als unzeitgemäß betrachtet und durch *physischen Sex* ersetzt. Liebe führt dazu, zusammenleben zu wollen, erst in einer Partnerschaft und dann auch noch in einer Familie, gewöhnlich mit Kindern. Will man in der Gesellschaft weniger Kinder haben, sind Familien unerwünscht. Will man Kinder klonen, ist Liebe unerwünscht. Liebe, Romantik und Zärtlichkeit werden ausgemustert. Das Gefühl von aufrichtiger Liebe für eine andere Person ist ein schönes, emotionales Gefühl, das sexuelle Begehren ein ungestümes, eher physisches Drängen. Letzteres soll nun das Erstere ersetzen.

Referenzen

- Transgender: https://en.wikipedia.org/wiki/Transgender#Transsexual_and_its_relationship_to_transgender
- Now children as young as FOUR are asked to choose what gender: https://www.dailymail.co.uk/news/article-3548962/Now-children-young-FOUR-asked-choose-gender-start-school.html
- Choose your gender: https://www.thesun.co.uk/archives/news/1136046/choose-your-gender-parents-blast-barmy-council-for-telling-kids-as-young-as-4-to-pick-sex-they-identify-with
- Birgit Kelle zu Gender Mainstreaming beim Konservativen Aufbruch: https://www.youtube.com/watch?v=nCmUO2M8HXU
- German schools set to teach anal sex and sadomasochism to children: https://redice.tv/news/german-schools-set-to-teach-anal-sex-and-sadomasochism-to-children
- Adult toys, oral & anal sex part of German school education: https://www.rt.com/news/347530-germany-sex-education-homophobia/?utm_source=browser&utm_medium=aplication_chrome&utm_campaign=chrome
- Kinder sollen Analsex in der Schule spielen: https://www.welt.de/regionales/nrw/article156317177/Kinder-sollen-Analsex-in-der-Schule-spielen.html
- Kinder sollen Analsex in Schule vorspielen und einen »Puff für alle« bauen: https://www.unzensuriert.at/content/0021080-13-jaehrige-sollen-analsex-schule-vorspielen-und-ein-puff-fuer-alle-bauen/
- Pre-school children should be warned about sex abuse: https://www.dailymail.co.uk/news/article-3629905/Experts-Kids-learn-abuse-stop-parents-molesting-them.html
- Media acclimatizing us to pedophilia: https://www.rt.com/op-ed/347642-pedophilia-uk-media-norms

Liebe und Sexualität

Die alten Griechen kannten die folgenden Spielarten der Liebe, wobei die verschiedenen Quellen sie etwas unterschiedlich definieren:

> *Eros*: Leidenschaftliche Liebe, normalerweise zwischen zwei Personen aus einem Gefühl der Zusammengehörigkeit heraus; die Sexualität gehört naturgegeben dazu, aber Eros ist mehr als nur das.
> *Storgé*: Liebe zu und in der Familie.
> *Philia*: Freundschaft zwischen zwei Menschen, eher geschlechtsneutral.
> *Agape*: Gottesliebe – unsere Liebe zu Gott und die Liebe Gottes zu uns.

Darüber hinaus kann man von weiteren Arten der Liebe sprechen, die im Grunde aber wenig mit unserem Verständnis wahrer Liebe zu tun haben:

> *Mania*: die besitzergreifende und eifersüchtige Liebe; sie ist eher reiner Egoismus und zerstörerisch; kann auch pathologisch sein.
> *Ludus*: die spielerische Liebe, unverbindlich und frei; hier geht es oft vor allem um Sexualität in beiderseitigem Einverständnis.
> *Pragma*: die pragmatische Liebe, bei der die Partner

wegen materieller oder sozialer Vorteile zusammenbleiben.

Die positive und freie Sexualität gehört im Wesentlichen zum *Eros*, aber auch zu *Ludus* und vielleicht in Ausnahmefällen sogar zu *Philia*. Im Fall von *Mania* hingegen kann sie erzwungen und gewalttätig werden, wobei sie physisch ist und zu Vergewaltigungen führen kann. Im Fall von *Pragma* kann sie eine neutrale Abmachung sein und sich vor allem bei Frauen zu dem entwickeln, was manche »Versorgungsprostitution« nennen.

Es dürfte offensichtlich sein, dass die reine und gute Sexualität in »echter« Liebe stattfindet. Wie kann man sich das vorstellen? Auf beiden Seiten kommen zu den emotionalen Gefühlen auch körperliche. Fehlt diese Übereinstimmung in der Liebe, sind die Gefühle – wenn überhaupt vorhanden – zumindest bei einer der beiden Personen lediglich körperlich und können sich bei der anderen Person negativ und verletzend auswirken. Und jetzt wird es kritisch: Was, wenn es dann bei einer der Personen zu einem Orgasmus kommt? Was geschieht in dem Moment?

Ich muss hier zurückgreifen auf Diskussionen von Mehrdimensionalität in der Schöpfung und gehe davon aus, dass der Mensch eine Seele hat. Die Seele kommt aus einer anderen Dimension, um sich in unserer Welt dreidimensional zu verkörpern, was durch einen sexuellen Akt ermöglicht wird. Der sexuelle Akt stellt die Verbindung zwischen zwei Dimensionen bereit, so dass die Seele wie über eine Brücke in unsere Welt eintreten kann. Dasselbe geschieht übrigens beim Sterben, nur in die andere Richtung. Die Auffassung, dass die Seele erst im

Augenblick der Zeugung entsteht oder erschaffen wird, entspricht nicht den spirituellen Tatsachen.

Ich habe intuitiv das folgende Bild vor Augen gehabt, als ich eines Morgens aufwachte: Zwei Menschen haben Sex und der Himmel über ihnen ist grau und bedeckt, eine Trennschicht zwischen den Dimensionen. Dann entsteht eine Öffnung in den grauen Wolken und ein Licht tritt hindurch. Es kommt wie ein sanfter Strahl auf die zwei Liebenden herunter und bringt eine Seele mit, die in die Aura der werdenden Mutter eintritt. Das Licht energetisiert ein Ei im Mutterleib und erfasst die Samenzellen des Mannes, so dass sich eine davon mit dem Ei verbinden kann. Beider Erbgut verschmilzt und ein Körper beginnt zu entstehen, mit dem sich die Seele zunehmend verbinden kann. Der Eintritt des Lichtstrahls ist mit dem Gefühl des Orgasmus verbunden, auch wenn die Menschen es in den meisten Fällen nicht mehr so wahrnehmen. Natürlich ist es möglich, dass es nicht zu einer Empfängnis kommt und das Licht den beiden für einen Moment (in Hinblick auf Zeugung) vergeblich seine Energie bringt. Jedoch wird es nicht umsonst gewesen sein, weil dieser einfallende Lichtstrahl beider Seelen bereichert, wenn auch unbewusst.

Haben die zwei sich in Liebe vereinigt, bleibt die angezogene Lichtenergie eine Zeit lang als Verbindung zwischen ihnen bestehen. Aber was ist, wenn eine der beiden Personen gar keine Liebe für die andere empfindet? Dann hat diese Lichtenergie keine Verankerung, und jetzt können sich ihrer dunkle Wesenheiten bedienen. Deshalb wollen solche Wesenheiten, dass Menschen eher aus geilem Egoismus als aus Liebe Sex haben, deshalb lieben sie Vergewaltigungen, weil sie sich dann auch noch von den Energien des missbrauchten Opfers ernähren können. Wenn es sich um gleichgeschlechtlichen Sex handelt, wird es nicht viel anders sein, außer dass es nicht zur Befruchtung kommt. Was zählt und für Sicherheit sorgt, ist »echte« Liebe.

*Gegen die Vielfalt
von Religionen*

Weltreligion

Die Neue Weltordnung sieht vor, dass die heutigen Hauptreligionen – besonders das Christentum – verändert werden, damit sie den neuen Zielen dienen. Dazu wird auch die Bibel neu geschrieben. »Schlüsselwörter« werden durch neue ersetzt, die eine andere Bedeutung haben.

Es klingt unglaublich, und doch erkennen viele Menschen manche Verse in heutigen Bibeln nicht mehr wieder, denn sie haben sie anders in Erinnerung. Die Veränderungen sind zum Teil sogar unsinnig! Ein Beispiel ist die englische *King James Bible*. Da steht in früheren Ausgaben bei Matt 9,17: »Auch tut man nicht neuen Wein in alte Schläuche; sonst zerreißen die Schläuche, und der Wein wird verschüttet, und die Schläuche verderben; sondern man tut neuen Wein in neue Schläuche, und beide werden zusammen erhalten.« In neueren Ausgaben der *King James Bible* steht statt Schläuche aber »Flaschen« (engl. *bottles*)! Damals gab es jedoch keine Flaschen,[13] der Wein wurde in Lederbeuteln aufbewahrt, die »Schläuche« genannt wurden, nach

---

13 In alten Zeiten wurde der Wein üblicherweise in Weinschläuchen, Tongefäßen (Amphoren) oder Fässern aufbewahrt, während Flaschen erst ab dem siebzehnten Jahrhundert in Gebrauch kamen; vgl. https://vinepair.com/wine-blog/history-wine-transport-8000-years.

dem griechischen Wort *askós* (engl. *wineskins*). Das Gleichnis verliert dadurch völlig seinen Sinn.

Nicht so gravierend ist hingegen, dass in Jesaja 11,6 in englischsprachigen Ausgaben das Wort *lion* (Löwe) zu *wolf* (Wolf) geändert wurde. Obwohl von vielen beanstandet, hat das vielleicht sogar seine Richtigkeit, denn das hebräische Wort *zab* hat tatsächlich letztere Bedeutung – davon ausgehend, dass meine hebräischen Bibeltexte nicht ebenfalls geändert wurden.

Manche halten diese Änderungen für übernatürliche Eingriffe, die »paranormal« erfolgten, vielleicht durch »Geistwesen«, wobei sogar das meiner Meinung einen geschichtlichen Wandel erfahren hat. Bibelfälschungen haben eine lange Tradition, und anfangs könnten durchaus einfach übereifrige Vertreter der Neuen Weltordnung am Werk gewesen sein, die nicht genug mitdachten ... Es gibt in diesem Zusammenhang allerdings auch Hinweise auf den sogenannten Mandela-Effekt, der ein Phänomen der letzten Jahre ist: Es geht dabei darum, dass viele Menschen sich an etwas erinnern, das angeblich nicht stimmt, aber sie erinnern sich alle an den gleichen Zusammenhang, während etwas anderes heute als unumstößlicher Fakt gilt. Seinen Namen bekam der Name Mandela-Effekt dadurch, dass viele der festen Überzeugung sind, der südafrikanische Freiheitskämpfer Nelson Mandela sei in den 1980ern im Gefängnis gestorben. Er wurde aber, so lautet die offizielle Geschichtsschreibung unserer Zeitlinie, freigelassen und war bis 1997 der Präsident von Südafrika, bevor er im Jahre 2013 starb.

Dasselbe Phänomen in der Bibel wie in der Politik ... und noch auf allen möglichen anderen Gebieten ... zunächst einmal ziemlich rätselhaft ...

Referenzen

- Ausführliche (jedoch noch nicht abgeschlossene) Auflistungen dieser zum Teil wahrhaft bemerkenswerten Änderungen sind im Internet zu finden: https://web.archive.org/web/20180902213129/http://final-call.us/Discrepencies%20in%20OT%20scriptures.pdf und https://web.archive.org/web/20180902211003/http://final-call.us/Discrepencies%20in%20NT%20scriptures.pdf
- Scripture Changes in the King James Bible: http://www.beanbiblechanges.com/id1.html
- The Bible has been supernaturally changed: https://supernaturalbiblechanges.blogspot.com
- The Bible is Being Supernaturally Rewritten to Fit the New One World Religion: http://mandelabiblechanges.com/index.php/2018/08/30/the-bible-is-being-supernaturally-rewritten-to-fit-the-new-one-world-religion

Parallele Realitäten und der Mandela-Effekt

$\mathcal{E}$s folgen jetzt einige recht schwierige Überlegungen, die vielen Menschen ziemlich abgedreht erscheinen werden: Wir leben in einem Multiversum, in einem Universum mit einer Vielzahl von Dimensionen. Ist die vierte Dimension einfach nur Zeit, oder ist sie mehr als das? Man mag die Zeit zunächst als eine bestimmte Eigenschaft – unter mehreren anderen – der vierten Dimension betrachten. Im Multiversum gibt es wesentlich mehr Dimensionen als nur vier.

Nun gibt es die Theorie, dass damit auch eine Vielzahl von Realitäten gleichzeitig existiert und es darin sehr viele – vielleicht unendlich viele – Zeitlinien (*time lines*) gibt, die parallel zueinander verlaufen. Jeder von uns existiert dadurch gleichzeitig auf verschiedenen Zeitlinien, in entsprechend vielen Versionen (Realitäten), ohne dass sie voneinander wissen. In diesen Versionen oder Variationen haben wir zum Teil ähnliche, aber auch unterschiedliche Erlebnisse. Wenn wir vor einer Wahl oder Entscheidung stehen, wählen wir in einigen dieser Versionen das eine, in anderen vielleicht das andere. Stellen wir uns nun vor, dass man ziemlich unbemerkt von einer Zeitlinie zu einer naheliegenden anderen hinübergleiten könnte. Man erlebt dann in der anderen Zeitlinie eine etwas andere Vergangenheit, als man sie von der ersten Zeitlinie her in Erinnerung hatte. Oder auch eine etwas andere Gegenwart, weil die Vergangenheit sich ebenfalls ein wenig unterscheidet. Dadurch gibt es Menschen, die sich »erinnern«, dass Mandela in den 1980ern im Gefängnis starb. Dann erfahren sie aber, dass er freigelassen und sogar Präsident wurde. Stimmt vielleicht beides, nur auf zwei verschiedenen Zeitlinien? Man hat dieses Phänomen Mandela-Effekt genannt. Natürlich besteht auch die Möglichkeit, dass manche Menschen sich einfach nur an eine Falschmeldung über seinen Tod im Gefängnis erinnern und sie geglaubt haben. Das würde aber nicht die unzähligen anderen Unterschiede auf so vielen Gebieten erklären wie bei Logos, Farbgebungen, Schreibweisen, Layouts und ... ja, menschlichen Biografien.

Die Theorie der verschiedenen Zeitlinien kann auch noch ein anderes Phänomen erklären. Es wird von Menschen berichtet, die einen Ort, an den sie kommen, anders vorfinden, als sie ihn in Erinnerung haben. Bestimmte Dinge gibt es dort nicht so, wie sie es erwartet haben, aber dafür andere Dinge.

Manchmal kommen sie später wieder dorthin, und alles ist wieder beim Alten. Es wird über unzählige merkwürdige Erlebnisse von Zeitanomalien berichtet. Die oben erwähnten Änderungen von Bibeltexten, die nicht der eigenen Erinnerung entsprechen, könnte man auch mit dem Mandela-Effekt erklären. Andererseits wird nach Professor Dr. Richard Day auch daran gearbeitet, die Bibeltexte händisch zu manipulieren, damit man sie anders versteht. Jedoch sind diese Änderungen zu zahlreich und teilweise zu abweichend vom früheren Verständnis, um es nur damit zu erklären. Es scheint eine bestimmte Absicht dahinterzustecken.

Diese Theorie hat interessante Parallelen zu Riemannschen Flächen in der mathematischen Funktionstheorie. Riemannsche Flächen beschreiben dort eine »eindimensionale komplexe Mannigfaltigkeit«. Es handelt sich um komplexe Gebilde in einem Raum imaginärer Zahlen; sie bilden an Singularitäten sich verzweigende Flächen, oder auch sich wiederholende Flächengebilde, wobei ein Ablauf an einer Singularität auf der einen Fläche oder auch auf einer anderen weiterlaufen kann. Vielleicht entsteht durch diese Beschreibung bei Ihnen ein Bild im Kopf, das Ihnen eine Ahnung vermittelt, wie sich so etwas in unserer Realität darstellen mag.

Referenzen

- Parallel Realities And Timelines: http://www.messagetoeagle.com/parallel-realities-and-timelines-how-do-they-affect-the-earth-and-our-lives
- Parallel Dimensions and Alternate Timelines: http://www.michiganpsychicmedium.com/parallel-dimensions-alternate-timelines
- The Mandela effect: https://mandelaeffect.com
- »Mandela Effect« Bible Changes: http://mandelabiblechanges.com/

- Mehr über Riemannsche Flächen: https://de.wikipedia.org/wiki/Riemannsche_Fläche

Kirchliches und ursprüngliches Christentum

Es kann einfach nicht angehen, dass wir die Fälschungen der Kirche und ihre Entstellung des Christentums einfach als gegeben hinnehmen. Das ursprüngliche und gnostisch genannte Christentum war ein ganz anderes und ging uns verloren, bis es 1945 durch den Fund einer größeren Sammlung von Schriften in Nag Hammadi in Ägypten wiederentdeckt wurde. Darüber schrieb ich ausführlich in meinen beiden anderen Anunnaki-Büchern.

Luziferische und satanistische Mächte in der Welt strebten nach einer distanzierenden Verdrehung der Lehre Jesu, die von Paulus durchgeführt und zur Grundlage der Kirche wurde, wie wir sie heute kennen. Von der wahren Lehre des Urchristentums sollten die Menschen nichts mehr wissen. Jesus hatte gelehrt, dass Jahweh *nicht* der *Höchste Gott* ist, sondern ein Hochstapler, selbst erschaffen, der diese Rolle an sich riss. Bei Jesus wird der *Höchste Gott* »El Eljon« genannt. Aus ihm entstand derjenige, den wir Christus nennen und der bei den Gnostischen Christen Autogenes heißt. Er sandte uns einen Botschafter namens Jeshua oder Jehoshua, dessen Name später auf dem Weg über das Griechische *Iesous* zu Jesus verwestlicht wurde.

Soweit die wahre Lehre des Gnostischen Christentums. Aber Vorsicht! »Gnostisch« heißt »wissend«, und es gibt auch eine *satanistische* Bewegung, die sich missbräuchlich als »gnostisch« bezeichnet. Es wäre ein tragischer Irrtum, diese beiden zu verwechseln.

Nachdem also das Gnostische Christentum durch das Christentum der heutigen dogmatischen Kirche ersetzt wurde, plant die Neue Weltordnung, das kirchliche Christentum nun durch den Islam zu ersetzen. Der Islam bietet für die satanistische Weltordnung eine noch bessere Möglichkeit, die Menschen zu überwachen, ihnen ihren Willen aufzuzwingen und sie zu beherrschen. Übrigens bedeutet das arabische Wort Islam »Unterwerfung« und nicht, wie oft fälschlich behauptet, »Frieden« (arab. *salam*) ... Die Bestrebungen nach einer Islamisierung sind eindeutig als eine politische Taktik der Neuen Weltordnung zu sehen. Es geht darum, die Menschen in der Gesellschaft noch strenger zu kontrollieren und zu manipulieren, nach Maßgabe durch die Scharia, der Gesamtheit aller religiösen und rechtlichen Normen.

Alternative Religionen

Was ist Religion und wozu dient sie? Ich möchte mich dieser Frage durch die Feststellung nähern, dass unser Universum mehrdimensional ist und eine unüberschaubare Vielzahl an Lebensformen in anderen Dimensionen aufweist, die wir Erdenmenschen nicht wahrnehmen können. Unter diesen Lebensformen sind zweifellos auch welche, die uns wahrnehmen, wahrscheinlich in das Leben auf unserer Erde eingreifen und darauf Einfluss nehmen können. Wir nennen sie Geistwesen, Wesenheiten und sogar Götter – beziehungsweise Teufel.

Religionen sind anscheinend dadurch entstanden, dass sich uns solche Wesen gelegentlich offenbart haben, um zu erreichen, dass wir so leben und uns so verhalten, wie sie es wollen. Einige waren sicher wohlwollend uns gegenüber, andere wollten eher Macht über uns ausüben und agierten mit Drohungen, Zwang und Bestrafungen, wenn es ihren Interessen diente. Daraus entstand in der Menschheit natürlich der Wunsch nach einer vorteilhaften Beziehung zu ihnen, damit es uns gut geht und wir Schwierigkeiten vermeiden können.

Auf diese Weise entstanden in den verschiedenen irdischen Bevölkerungen die verschiedenen Religionen, je nach Art der Begegnung mit den Wesen oder den Methoden ihrer Manipulation der Menschen. Man hat uns Wissen gegeben, das sicher daran bemessen war, was die Religionsstifter planten, und das nicht unbedingt die volle Wahrheit darstellte, sondern eher das, was sie uns glauben lassen wollten – bis hin zur vollständigen Bewusstseinssteuerung.

Das Christentum ist nur eines von mehreren solcher Systeme, in Teilen vielleicht schon das echte und ursprüngliche Christentum, erheblich drastischer aber das verfälschte. Und jetzt will sich der Islam den Menschen aufzwingen, aber wenn es mit Drohungen von Gewalt und Tod geschieht, disqualifiziert sich der Islam als Religion. Eine echte Konversion kann nur mit Respekt, Toleranz und Liebe erreicht werden. Wenn Menschen nur äußerlich einer Religion angehören, aber nicht in ihrem Herzen, sind sie nicht konvertiert, sondern versklavt. So etwas kommt für Menschen nicht infrage, die im Herzen und in der Seele Christen sind – im Sinne des Urchristentums.

Einige weitere Religionen, wie bereits in *Buch 1* erwähnt, könnten gewissermaßen so etwas wie »Übergangslösungen« darstellen. Im Hinduismus kennt man ein umfassendes Pantheon, das nicht unbedingt im Widerspruch zum wahren Christentum steht, denn der eine *Höchste Gott* dürfte in beiden Religionen der gleiche sein, nur unter anderem Namen. Die vielen anderen Gottheiten im Hinduismus kann man als »Untergötter« betrachten – im Christentum entsprechen sie den Engelwesen und den Heiliggesprochenen. Beide Religionen kennen außerdem negative Wesen, im Hinduismus Asuras genannt, im Christentum Teufel.

Wir sehen also, dass sie äußerlich vielleicht verschieden wirken, es im Kern aber gar nicht so sehr sind. Durch den einen einzigen *Höchsten Gott*, den man im Hinduismus ebenso wie im Urchristentum kennt, ist auch der Hinduismus eher monotheistisch, und auf höchster Ebene gibt es ebenfalls eine Dreieinigkeit. Das indische Kastensystem ist zwar als unzeitgemäß zu betrachten – aber es ist ja noch nicht so lange her, dass wir in Europa eine analoge Aufteilung in Adel, Priester, Bürger und Bauern hatten ...

Ich möchte auch auf bemerkenswerte Ähnlichkeiten zwischen Jesus und Krishna hinweisen und auf die interessante Überlegung, dass der Hindugott Ayyappan, der besonders im indischen Bundesstaat Kerala verehrt wird, die Wiedergeburt von Jesus (Christi Botschafter) sein könnte.

Wenn wir uns hingegen den Buddhismus anschauen, scheinen wir es eher mit einer ehrenwerten Lebensphilosophie zu tun zu haben als mit einer Religion, da er überhaupt keine göttlichen Wesen anerkennt. Dies gilt erstaunlicherweise nicht für den tibetischen Buddhismus.

Zwei Religionen früherer Zeiten finden zunehmend wieder Interesse in der Bevölkerung. Auch sie sind pantheistisch, aber in einem anderen Sinne als der Hinduismus. Auch sie beziehen sich auf Wesenheiten, deren Existenz ich durchaus für möglich halte, und auf Bemühungen um ein positives Zusammenleben mit ihnen: das Keltentum und der altnordische Glaube.

Betrachten möchte ich hier zunächst den altnordischen Glauben, besonders in der Form, wie er bei den Wikingern gepflegt wurde, am Beispiel von Island. Es gibt dort bereits eine wachsende Gemeinde der Anhänger von *Ásatrú* (»ausatruh« ausgesprochen), einer Religion, die sich gerade auch in einigen anderen Ländern verbreitet. Ihr Glaube (*trú*) ist ein Heidentum mit vielen Gottheiten (*Æsir*, die Asen, und *Vanir*, die Wanen), was der Existenz eines *Höchsten Gottes* und Schöpfers aber nicht unbedingt widerspricht. Der Schöpfergott scheint in dieser Glaubensform nur einfach kein großes Thema zu sein, zumal die Schöpfungsgeschichte aus den alten Texten recht dürftig herauszulesen ist. Wir erfahren nur, dass Ýmir das erstentstandene Geschöpf war, als Ergebnis eines unklaren Vorgangs.[14] Bedauerlicherweise ist diese Glaubensform ein wenig in Verruf geraten, weil auch einige rechtsextrem Verirrte sich

---

14 Bemerkenswert ist, dass es auch hier – wie in *Enuma Elish*, siehe *Buch 1* – das Motiv des Urgottmordes gibt, weil Óðinn (Wotan) und seine Brüder den Riesen Ýmir töteten, das erste Lebewesen.

damit missbräuchlich befassen. Aber der echte und keineswegs rassistische *Ásatrú* wird ja wohl nicht rechtsextrem gewesen sein – immerhin gab es diesen Glauben bereits Tausende von Jahren, bevor solche politischen Kategorien auftauchten. Aber wer hassen will, findet immer einen Auslöser.

Auch der keltische Glaube (Druidentum) erfährt in unserer Zeit wieder eine Renaissance. Dass das Druidentum heute von Kritikern taktisch mit Wicca verbunden wird, dem neuzeitlichen Hexentum, ist allerdings eine bewusste Denunzierung, denn Wicca entstand erst im zwanzigsten Jahrhundert. Es scheint, dass die Kelten eine Schöpfungsgeschichte hatten, die möglicherweise einem *Höchsten Gott* seinen Platz einräumte, der aber durch die systematische Zerstörung keltischer Texte durch das neuzeitliche Christentum in Vergessenheit geraten ist.

Das Druidentum und der nordische Glaube, diese beiden ureuropäischen Glaubensformen, wurden von einem abgewandelten kirchlichen Christentum verdrängt, das sich nicht auf einen *Höchsten Gott* bezieht, sondern auf den Selbstdarsteller Jahweh. Man mag sich fragen, inwieweit eine Art von toleranter Koexistenz mit dem sich auf El Eljon beziehenden wahren Urchristentum in gegenseitigem Verständnis überhaupt denkbar wäre.

Selbstverständlich ist auch das Judentum eine respektable Alternative, wenn es um die Frage der Religionswahl geht, aber es kommt selten vor, dass jemand zum Judentum konvertiert. Es bezieht sich allerdings auf Jahweh und nicht auf den *Höchsten Gott*. Trotz einiger leider extrem negativer politischer Verirrungen bietet es durchaus die Möglichkeit zu einem friedlichen Zusammenleben, das es in der Vergangenheit zeitweise ja auch gegeben hat und manchenorts noch gibt. Als wirklicher Jude gilt aber eigentlich nur, wer eine jüdische Mutter hat.

Ich selbst bezeichne mich übrigens als Gnostischen Christen und distanziere mich persönlich und mit Nachdruck von der Kirche. Jedoch habe ich viel Verständnis für die Wiederbelebung von *Ásatrú* und des keltischen Glaubens, weil sie eher in den europäischen Kulturen beheimatet sind als zum Beispiel der Islam, der unseren Kulturen fremd ist.

Schließlich muss leider noch der in erschreckendem Ausmaß anwachsende Satanismus erwähnt werden, der im Grunde nichts anderes als eine »Antireligion« ist. Er ist die Religion der Neuen Weltordnung mit ihrem satanistischen Charakter, und ihre Protagonisten haben wie gesagt vor, nach der Verdrängung des Christentums durch den Islam Letzteren durch den Satanismus zu ersetzen. Es gibt gute Gründe zu erwarten, dass dies nicht dauerhaft gelingen wird.

Referenzen

- Krishna as a Past Life of Jesus Christ: https://web.archive.org/web/20170817164902/ http://www.near-death.com:80/reincarnation/jesus/krishna.html
- Specific similarities between the lives of Jesus and Krishna: http://www.religioustolerance.org/chr_jckr1.htm
- Gedanken über Brückenschlag zwischen Christentum und Hinduismus: http://www.christliche-reinkarnation.com/PDF/Bruecke.pdf
- What To Do When Racists Try To Hijack Your Religion: https://www.theatlantic.com/international/archive/2017/11/asatru-heathenry-racism/543864
- Ásatrúarfélagið: https://en.wikipedia.org/wiki/%C3%81satr%C3%BAarf%C3%A9lagi%C3%B0
- Eleven things to know about the present day practice of Ásatrú: https://icelandmag.is/article/11-things-know-about-present-day-practice-asatru-ancient-religion-vikings

- How a Thor-Worshipping Religion Turned Racist: https://www.vice.com/en_us/article/qbxpp5/how-a-thor-worshipping-religion-turned-racist-456
- Celtic Reconstructionist Paganism: https://en.wikipedia.org/wiki/Celtic_Reconstructionist_Paganism
- Celtic polytheism: https://en.wikipedia.org/wiki/Celtic_polytheism
- Some Thoughts on the Celts: https://www.knowth.com/the-celts-3.htm
- Wicca: https://en.wikipedia.org/wiki/Wicca
- What Is Wicca?: https://wicca.com/celtic/wicca/wicca.htm

Der Schöpfer und die Hochstapler

Es kann nur eine Schöpfung geben und damit nur einen Urschöpfer. Es haben sich aber Gruppen von der ursprünglichen Schöpfung abgespalten, worin erschaffene Wesen sich als Götter darstellen und behaupten, dass sie Schöpfer seien. Sie sind natürlich nicht der Urschöpfer, sondern lediglich Hochstapler, die die Schöpferrolle an sich gerissen haben, um in der Schöpfung gewissermaßen abgesonderte Sekten zu bilden, worin diese Möchtegernschöpfer ihre Macht leben wollen. Wenn überhaupt, sind sie die Schöpfer solcher Wesenheitssekten und nicht des Universums.

In *Buch 1* beschreibe ich kurz die Schöpfungsgeschichte der Gnostischen Christen (vgl. »Die gnostische Schöpfungsgeschichte«). Warum gerade ihre Schöpfungsgeschichte und nicht die einer der anderen Religionen? Weil ich in Jesus einen

Botschafter der Christuswesenheit sehe, der in die Welt gesandt wurde, um uns einen Weg zurück zum wahren Göttlichen zu zeigen, einen Weg hinaus aus den politischen Verirrungen und Verzerrungen untergeordneter Wesen, die aus Machtgier das Gottsein an sich reißen wollen. Seine Belehrungen wurden von Letzteren bekämpft, da sie dadurch ihre Macht gefährdet sahen. Wie in diesem Buch bereits erwähnt, wollten sie Jesus beseitigen, seine Lehren vertuschen und seinen Anhängern eine verfälschte Version der Lehre bieten. Es entstand eine pseudochristliche und eher paulinische Kirche. Dass Jesu Lehre derart bekämpft wurde, ist ein guter Grund zu vermuten, dass sie der Wahrheit am nächsten kommt.

Ebenfalls in *Buch 1* (vgl. »Wer ist dann der wahre Urschöpfer?«) wird auch El Eljon erwähnt. Der Name ist Hebräisch und bedeutet *Der Höchste Gott*, eine Bezeichnung, die ich gerne für den einzig wahren Urschöpfer des Universums verwende. Aus ihm ist alles hervorgegangen, mitsamt Untergöttern, die dann »göttlicher als Gott« sein wollten. Dazu gehören auch die Anunnaki, die sich aus eigennützigen Motiven vom Urschöpfer abwandten (vgl. die ersten sechs Kapitel des Teils »Die Welt der Tontafeln in Mesopotamien«). Der Statthalter der Anunnaki auf der Erde war Enlil, der »Herr des Windes« und »der Stürme«, der sich irgendwann Jahweh nannte. Jahweh war ursprünglich gemäß religionsgeschichtlicher Forschung ein sinaitischer Berggott und ebenfalls ein Gott des Windes und der Stürme, der wie Enlil als Kriegsgott betrachtet wurde.

Und anschließend proklamierte der Anunnaku Jahweh: »Ich bin Gott, und es gibt keinen anderen!« Seine Grausamkeit tritt überall im Alten Testament hervor und zeugt davon, dass er beim besten Willen nicht *Der Höchste Gott* sein kann. Er versuchte die Menschen durch Religion zu knechten und später auch durch die Kirche, wobei seine Macht mit der Zeit immer geringer wurde. Eines Tages ließ er dann eine neue Variante seiner Religion entstehen, für die er sich Allah (»Der Gott«) nannte und eine neue *Heilige Schrift* entstehen ließ. Viele Menschen wollen in dieser Schrift seine Grausamkeit noch deutlicher offenbart sehen und sind der festen Überzeugung, dass sie noch vehementer dazu dient, von den Menschen Kadaverdisziplin zu verlangen.

Wer ist dann Satan und wer Luzifer? Diese Frage wurde in *Buch 1* bereits angesprochen, und die Antwort lautet: Jahweh selbst ist Satan. Unter dieser Maske wollte er durch Gewalt und Bosheit den Weg für seine Machtgier weiter ebnen. Enlils Bruder Enki könnte meiner Meinung nach Luzifer sein, der den Menschen zwar etwas mehr Wohlwollen entgegenbringt, aber gleichwohl mit Zwang und Unterwerfung arbeitet. Sich als seinen eigenen Widersacher darzustellen, ist ein raffinierter Schachzug Jahwehs, der dadurch sein »Gottsein« hervorhebt und die Menschen von der Tatsache ablenkt, dass es über ihm noch *Den Höchsten Gott* gibt.

Der Ausweg aus all dem ist der Weg der Liebe zu allen Mitmenschen und eigentlich allen Mitwesen, den Jesus uns brachte und der uns durch die in Nag Hammadi gefundenen Schriften wieder in einer einigermaßen ursprünglichen Form zugänglich ist. Nur so kann wahrer Frieden in Gegenseitigkeit ohne Unterdrückung und Zwang erreicht werden.

Uralte religionsgeschichtliche Befunde zeugen übrigens davon, dass Jahweh eine Partnerin namens Ascherah hatte, die er verstoßen hat (*Buch 1*, »Ergebnisse aus archäologischen Funden« sowie »Biblische und mesopotamische Göttinnen«). Im Alten Testament haben offensichtlich Frauen nicht den gleichen Wert wie im Neuen Testament. Was soll man zur heute wieder aktualisierten Frauenabwertung sagen, die durch die Immigration einer erwiesenermaßen frauenverachtenden antichristlichen Kultur stattfindet?

Referenzen

- Sechs alttestamentarische Grausamkeiten und die Frage, ob Gott eher Psycho- oder Soziopath war: https://www.watson.ch/wissen/history/508340196-6-alttestamentarische-grausamkeiten-war-gott-eher-psycho-oder-soziopath
- Die Bibel ist grausam und menschenverachtend: https://web.archive.org/web/20190702195726/https://www.sapereaudepls.de/2017/08/05/die-dunklen-seiten-der-bibel/
- Gottes geschiedene Frau heißt Aschera: https://www.welt.de/kultur/article112208654/Gottes-geschiedene-Frau-heisst-Aschera.html
- Passages in the Hebrew Scriptures Old Testament) that treat women as inferior to men: http://www.religioustolerance.org/ofe_bibl.htm

Zentralisierung der Welt

NWO-Zentrum Kasachstan?

Zwischen Russland und China, nördlich von Afghanistan, liegt das riesige zentralasiatische Land Kasachstan, reich an Öl und Gas, mit einer Fläche von mehr als zwei Komma sieben Millionen Quadratkilometern, in dessen Hauptstadt Nursultan gerade eine imposante futuristische Architektur mit auffallender freimaurerischer Symbolik entsteht, würdig eines Sonnengotts. Es wird zwar noch gebaut, aber im Wesentlichen dürfte die Stadt fertig sein. Unsere Medien berichten selten, fast gar nicht darüber. Eine Bekannte von mir, die für eine Fluggesellschaft arbeitet, ist bereits einige Male beruflich dort gewesen und berichtet von einer nahezu unheimlichen Atmosphäre. Ich möchte hier nur auf einige atemberaubende Merkwürdigkeiten hinweisen.

Auf Google Maps ist in jenem Land ein gewaltiges Pentagramm deutlich auf dem Boden zu erkennen, mit der Spitze nach unten. Das ist ein Symbol, das in Freimaurerei, Magie und Satanismus eine große Rolle spielt. Es soll sich in diesem Fall angeblich um archäologische Überreste einer alten Kultur handeln – eine Erklärung, die mich nicht überzeugen kann. Dann könnte es schon eher, wie andere behaupten, ein riesiger Sowjetstern sein, also ein Überbleibsel aus der Zeit, in der Kasachstan noch zur Sowjetunion gehörte. Allerdings würde ein solcher Stern normalerweise mit der Spitze nach oben dargestellt werden... wie zum Beispiel vor dem Schloss Cecilienhof in Potsdam. Somit ist nur noch eine Erklärung wahrscheinlich ...

Die Stadt hat in jüngerer Zeit auch mehrmals ihren Namen gewechselt. 1830 als russische Festung gegründet, hieß sie seit 1992 Aqmola und wurde nach dem Zerfall der UdSSR anlässlich der Unabhängigkeit Kasachstans zur neuen Hauptstadt. 1998 wurde sie in Astana umbenannt, seit März 2019 trägt sie den Vornamen des kasachischen Präsidenten Nursultan Nasarbajew. Bevor sie zur Hauptstadt wurde, hieß sie aber Aqmola, und man behauptet, dass Astana ein altes Wort in der einheimischen Sprache sei, das einfach nur »Hauptstadt« bedeutet. Hört sich das nicht ein wenig wie »Satana« an? Ist das ein Zufall? Es gibt Hinweise darauf, dass man heimlich Vorbereitungen trifft, diese Stadt zur Hauptstadt der gesamten Neuen Weltordnung zu machen. Werden dort dann auch eine anunnakische Botschaft und die Weltregierung zu Hause sein?

Referenzen

- 21st Century Masonic Capital Astana: https://www.youtube.com/watch?v=YupHXNgaFX4
- Astana – The Illuminati Capital of Kazakhstan: http://www.thebohemianblog.com/2012/12/dark-tourism-illuminati-capital.html
- Riesiges Pentagram von Kasachstan enträtselt: https://www.t-online.de/digital/internet/id_64947288/google-maps-riesiges-pentagram-in-kasachstan-entraetselt.html

Volksverdummung

Wie oben zu den finsteren Plänen erwähnt, soll das Volk nicht zu intelligent sein, denn sonst versteht es zu viel, hinterfragt und erkennt Zusammenhänge, die es nicht wissen soll. Es lässt sich dann nicht so leicht manipulieren. Die Menschen sollen nur das Nötige verstehen, um ihre Arbeit zu tun und die Befehle der Elite auszuführen. Dazu ist ein IQ von 90 bis 100 optimal. Wie hält man eine Bevölkerung auf einem solchen Niveau? Durch Erziehung und Schule!

Heute ist die Schulbildung auffallend primitiv und dient dazu, die Schäfchen und Lämmer zu dressieren und vor allem politisch zu indoktrinieren. Echte Bildung ist nicht gefragt. Eigenständiges Denken wird möglichst nicht gefördert, sondern es werden Denkmodelle vermittelt, an die man sich halten soll. Glaubenssysteme werden aufgeprägt. Wer aus dem Rahmen fällt, bekommt Probleme und soll zurechtgedreht werden. Das geht dann im Erwachsenenleben so weiter, indem zum Beispiel »politische Korrektheit« in der Sprache verlangt wird (vgl. *Buch 2*, »›Politische Korrektheit‹ gegen das Christentum«), was dazu führen soll, sie auch im Denken einzuhalten. Wer eine andere Auffassung als die erwünschte hat, wird abgestraft – er wird als rechtsextrem, Nazi, Hassredner oder Rassist bezeichnet und manchmal sogar als solcher vorgeführt.

Wer zu frei sein will, wird ausgegrenzt, manchmal verhaftet und im schlimmsten Fall hospitalisiert.

Man sagt ja, dass man in der Schule für das Leben lernt, aber heute *verlernt man dort zu leben* ...

Ich wuchs in Schweden auf und habe diese Entwicklung beobachten können. Als ich in den 1950er Jahren meine Gymnasialzeit absolvierte, war es noch ganz anders. Man lernte für Bildung, für ein breites Basiswissen, von dem man in der Gesellschaft und in weiteren Studiengängen profitierte, und man lernte zu lernen. Dafür bin ich heute dankbar. Nach dem Abitur ging es in den 1960ern für mich an der Technischen Hochschule weiter. Das Schulsystem nach dem oben beschriebenen Modell funktionierte schlecht. Man versuchte es eine Zeit lang mit einer antiautoritären Schule, ohne Zeugnisse auszustellen, denn es sollte doch niemand besser sein als die anderen. Besser alle gleich dumm als nicht alle gut ... Aber wer mit Schulabschlussnachweis (ohne Zeugnis) eine Anstellung suchte, hatte oft Probleme. Der Personalchef rief nicht selten einen früheren Lehrer des Arbeitssuchenden an und fragte, wie jener denn als Schüler gewesen sei. Das Bildungsniveau nahm immer mehr ab, was man auch an Sprache und Ausdrucksweise erkennen konnte. Das Experiment war demnach gescheitert, und man führte wieder Zeugnisse ein. Und heute kann man nach dem Abitur nicht einmal mehr direkt ein Hochschulstudium antreten. Die Technische Hochschule zum Beispiel hat ein Extrajahr einschieben müssen, ein Vorbereitungsjahr vor dem Anfang der eigentlichen Studien, um den Studenten das beizubringen, was heute nicht mehr zu den Gymnasialstudien gehört. Eine miserable Entwicklung.

Mittlerweile gibt es noch ganz andere Möglichkeiten, den Verstand zu zügeln. Dazu gehört die pharmazeutische Manipulation von Lebensmitteln und fast aller Medikamente, etwa mit

Fluor und Aspartam (das sich manchmal hinter Tarnnamen wie »NutraSweet« oder »Aminosweet« versteckt). Fluor wurde übrigens im Oktober 2018 in die Klasse der »Nervengifte« aufgenommen, etwas später wurde bekannt, dass es ADHD verursachen kann, also eine Aufmerksamkeitsdefizit-Störung mit Hyperaktivität, wogegen man Ritalin verschreibt, dessen Nebenwirkungen die Situation weiter verschlechtern. Wer weiß, womit uns auch noch die Chemtrails berieseln – aber daran darf man natürlich nicht glauben ... Und dann die immer schlimmer werdende Bestrahlung durch Mobiltelefone und WiFi. Das mag man sich gar nicht ausdenken – sofern man überhaupt bereit ist, zumindest ein bisschen davon für bare Münze zu nehmen. Aber sind die Dauer und Stärke der Exposition hoch genug, glaubt man es ja erst recht nicht ... zum einen, weil man das Grauen fernhalten will, zum anderen, weil solche Methoden, wenn sie denn greifen, ja auch den Erfolg bewirken, dass man immer weniger daran glaubt, denn man wird ja dümmer ... Und ich habe nur einige von vielen Faktoren genannt, die unseren Verstand zügeln sollen.

Weitere Verdummungsmittel beobachten wir in der Unterhaltungsindustrie, wo infantilisierende Programme im Fernsehen und bei Veranstaltungen das Niveau senken und uns von wesentlicheren Dingen ablenken sollen. Dafür wird Gewalt verherrlicht und Sex soll Liebe ersetzen. Aus den zurzeit popularisierten Einpflanzungen von Chips ergeben sich neue Wege der Verdummung – oder vielleicht besser: der Zombifizierung ... Ein angrenzendes Thema ist die Bewusstseinssteuerung oder Gedankenkontrolle, womit man erreichen will, dass möglichst alle gleich denken und ungefähr die gleiche Meinung haben, nämlich die vorgeschriebene, die in allen Medien propagiert wird. Wer anders denkt und eine allzu abweichende Meinung hat, wird schikaniert und kann zum Beispiel seine Stelle verlieren oder seine Wohnung.

Das ist Diktaturterror, und die Mittel dazu sind ein ständiges Bombardement mit Propaganda und falschen Nachrichten in den Medien oder auch das Blockieren, Vertuschen oder Verschweigen von Wahrheiten. Hinzu kommt eine unterschwellige Manipulation mit versteckten Botschaften und sogar energetischer Beeinflussung mit hochfrequenten elektromagnetischen Feldern (5G, WiFi, Mobilstrahlung und Ähnliches), die durch raffinierte Technik dazu benutzt werden können, Denkmuster zu »inspirieren«, direkt oder auch indirekt, etwa nach dem Prinzip von Pawlows Hunden. Sie wissen schon – diese Experimente, bei denen der Nobelpreisträger Iwan Petrowitsch Pawlow (1849-1936) feststellte, dass die Speichelsekretion eines Hundes nicht erst mit dem Fressvorgang beginnt, sondern bereits beim Anblick der Nahrung ...

Referenzen

- Verbannen Sie Fluorid aus Ihrem Alltag – Nun offiziell als Neurotoxin klassifiziert!: https://www.pravda-tv.com/2018/10/verbannen-sie-fluorid-aus-ihrem-alltag-nun-offiziell-als-neurotoxin-klassifiziert
- Aspartam, das militärische Gift aus dem Supermarkt: https://skywatchbretten.blogspot.com/2012/01/aspartam-das-militarische-gift-aus-dem.html
- ASPARTAM – Nervengift mit gefährlichen Nebenwirkungen und krebserregender Wirkung: https://liebeisstleben.de/2016/01/26/aspartam-nervengift-mit-gefaehrlichen-nebenwirkungen-und-krebserregender-wirkung/
- Aspartame – By Far the Most Dangerous Substance Added to Most Foods Today: https://articles.mercola.com/sites/articles/archive/2011/11/06/aspartame-most-dangerous-substance-added-to-food.aspx
- Research Shows Ritalin Causes Long-Term Brain Injury: https://www.

thefix.com/content/research-shows-ritalin-causes-long-term-brain-injury
- Simon Parkes reveals mind control secrets: https://vimeo.com/126314745
- Classical conditioning: https://en.wikipedia.org/wiki/Classical_conditioning

Wie kann das nun weitergehen?

𝓔s sieht so aus, als kämen wir nicht darum herum, dass uns die Neue Weltordnung trotz aller Widerstände und Proteste rücksichtslos aufgezwungen werden wird – die Etablierung einer Zweiklassengesellschaft mit einer Elite und einer Masse von Überlebenden mit fast keiner Freiheit. Aber wie lange wird das Bestand haben? Enlil – Satan – Jaldabaoth – Jahweh – Allah (siehe *Buch 1*), ganz gleich unter welchem Namen der Anunnaki-Fürst auch firmiert, er wird auf existenzielle Grenzen stoßen, weil er sich vom wahren Schöpfer El Eljon abgewandt und dadurch vom Energie- und Nahrungsfluss in der Schöpfung abgeschnitten hat (vgl. *Buch 1*, ›Wie ernähren sich die Anunnaki?‹). Das ist nämlich der Grund, weshalb er und seine Archonten sowie sonstigen Mitarbeiter sich jetzt indirekt und unsichtbar durch uns Menschen ernähren: Wir haben noch eine unbewusste Verbindung zur Quelle, und sie müssen ihre Lebenskraft und emotionalen Energien über uns beziehen. Dazu brauchen sie uns, aber das wird schon ein Problem gewesen sein, als sie vor vielen Jahrtausenden die aktuelle Menschheit entstehen ließen.

Seinerzeit entstandene physische Leiber waren ohne Seele nicht gut funktionsfähig. Also mussten Seelen her, die gewissermaßen wie eine Software für die physisch-biologische Hardware dienten. Der Bedarf an Seelen wurde unter anderem durch *Recycling* gedeckt, nämlich *Reinkarnation* (*Buch 1*, »Jahweh und die Reinkarnation«, sowie *Buch 2*, »Die Reinkarnationsfalle« und »Ist das Fegefeuer eine Abwandlung der Reinkarnationslehre?«). In der langen Zwischenzeit haben sich aber auch die Anunnaki entwickelt und eine Lösung für das Seelenproblem gefunden: *Künstliche Intelligenz*. Sie wird in künftigen Generationen von Robotern und Biorobotern die Seele ersetzen. Dann braucht Jahweh uns nicht mehr ... Die in manchen Büchern und Berichten erwähnte Alienrasse der »Greys« soll genau aus solchen Biorobotern bestehen, zumindest einige davon.[15] Und wir helfen dabei auch noch mit durch unsere eigenen KI-Entwicklungen.

Heute ist man mit der Künstlichen Intelligenz anscheinend schon viel weiter, als die meisten Menschen wissen. Es wurde berichtet, dass ein weiblicher Roboter namens Sophia entwickelt wurde, der sich auffallend menschlich verhält. Ihm wurde in Saudi-Arabien sogar die Staatsbürgerschaft verliehen! Und er ist dem Roboter im Film *Ex Machina* (2014) auffallend ähnlich. Ein neuer und wohl sehr zeitgemäßer Industriezweig ist die Herstellung von Sexrobotern! Das erinnert an den Film *Stepford Wives* (»Die Frauen von Stepford«, 1975 und 2004 – das spätere Remake ist viel schlechter als das Original). Soll das wirklich unsere Zukunft

---

15   Genaueres können Sie nachlesen in dem Buch *Greys: Weltweites Wirken und Entführungen in Deutschland* von Marcel Polte. Umfangreiche Leseproben daraus finden Sie auf www.AmraVerlag.de.

werden? Es ist schon unheimlich genug, wie Amazons Alexa in unsere Privatsphäre eindringt ...

Noch ein Aperçu: Im November 2018 wurde ein künstlicher Nachrichtensprecher für das chinesische Fernsehen vorgestellt, der Englisch und Chinesisch spricht. Möglicherweise gibt es so etwas bereits seit Jahren in verschiedenen Medien, eben nur geheim gehalten. Aber man denke nur! Das ist natürlich die definitive Weise, Nachrichten genau nach Vorschrift zu steuern und zu filtern! Durch neue Internetgesetze nähern wir uns dem Zustand, in dem es zuletzt gar keine freien Informationen mehr gibt – es wird *automatisiert* gelogen und vertuscht!

Doch mittlerweile zeichnen sich diesbezüglich Probleme am Horizont auf. Ich meine für *sie*, nicht für uns! Die durchtechnisierte Kontrollgesellschaft, die ja schon weit fortgeschritten ist, kann so nicht weitergehen, denn sie widerspricht der göttlichen Ordnung. Sie entpuppt sich als ein Bollwerk gegen das wahre Göttliche und gegen die Wiederkunft Christi (beziehungsweise eines neuen Botschafters von ihm), was ein Grund (wohl von mehreren) dafür ist, dass er noch nicht gekommen ist. Wenn wir die Welt anschauen, ist es doch ziemlich klar, dass es so nicht bleiben kann! Es *muss* etwas geschehen. Die Mauern des Bollwerks müssen fallen, und auch Bedrohungen durch Strahlen (5G, Fukushima), Wetterkontrolle (HAARP, Chemtrails) und ein Dritter Weltkrieg werden ihnen schließlich einen Strich durch die Rechnung machen.

Zurzeit nehmen die Erdbeben auffallend zu, besonders am Feuerring um den Pazifik, und wenn Yellowstone an die Reihe kommt, steht wohl irgendwann der schon lange erwartete Polsprung an, wodurch die Erdkruste aufbrechen wird und diverse Anlagen aller Art für militärische Zwecke sowie zur Kontrolle und Überwachung zerstört werden.

Das ist dann eine Befreiung der Menschheit, auch wenn vielleicht für das alles viele Menschen sterben müssen. Da fragt man sich natürlich: Warum? Warum müssen erst so viele mit ihrem Leben bezahlen? Die Antwort ist einfacher, als manche wahrhaben wollen: Es gibt keinen Tod! Die unsterbliche Seele verlässt den Körper und zieht weiter, befreit von den Zwängen einer scheiternden Neuen Weltordnung und auch einer elitären Weltherrschaft des Zionismus. Und die Menschheit hat dann endlich gelernt: »So etwas nie wieder!«

Referenzen

- Sophia (Roboter): https://de.wikipedia.org/wiki/Sophia_%28Roboter%29
- Ex Machina (Film): https://en.wikipedia.org/wiki/Ex_Machina_%28film%29
- Sexroboter – Künstliche Intelligenz für das Schlafzimmer: https://www.profil.at/wissenschaft/sexroboter-kuenstliche-intelligenz-schlafzimmer-10201105
- *The Stepford Wives* (Film): https://en.wikipedia.org/wiki/The_Stepford_Wives
- ALEXA wird immer unheimlicher: https://www.youtube.com/watch?v=BWvhJnrbhiI
- Xinhuas first English AI anchor makes debut: https://www.youtube.com/watch?v=GAfiATTQufk

Zeitreisen

Seit Jahren tauchen im Internet wiederholt Berichte über angebliche Zeitreisen auf. Menschen seien in die Zukunft gereist und berichten über die Zukunft, die uns erwartet, weil sie dort an Informationen zu historischen Ereignissen über die Zeit von heute bis zu ihrem Aufenthalt in jener Zukunft, die unsere Vergangenheit ist, gekommen sind. Beim Vergleich solcher Berichte fällt jedoch auf, dass sie nicht immer übereinstimmen. Das will man dann so erklären, dass es in der vierten und in höheren Dimensionen verschiedene Zeitlinien gibt und zeitliche Verläufe entlang dieser Linien unterschiedlich ausfallen können. Es komme darauf an, auf welcher Zeitlinie man landet. Diese Theorie wurde bereits oben im Zusammenhang mit dem Mandela-Effekt erwähnt.

Hier ist natürlich viel Raum für Skepsis. Ein Bericht zeigt einen Lügendetektortest, der zu bestätigen scheint, dass der Erzählende die Wahrheit sagt. Was für ihn wahr ist – in der Überzeugung seiner Erfahrung –, ist aber nicht unbedingt *absolut* wahr. *Er* hat es so erlebt, aber bedeutet das auch, dass es wirklich so ist und sein wird? Vielleicht. Manche solche Berichte sagen für unsere nähere Zukunft Kriege und Naturkatastrophen voraus. Andere erzählen über eine supertechnologische Gesellschaft mit Robotern und Künstlicher Intelligenz in einer viel ferner liegenden Zukunft. In einer solchen Gesellschaft möchte ich persönlich nicht gerne leben, ich wünsche mir eher, in einer neuen Inkarnation ein naturnahes Leben zu führen. Und eine Welt, die überwiegend von technologischen oder biologischen Robotern sowie Cyborgs bevölkert ist, kann ich mir schwer als paradiesisch vorstellen ... Da frage ich mich eher, wozu eine Schöpfung gut sein soll, die dahin führt. Warum sollte der *Höchste Gott* so etwas wollen? Oder sind es eher diejenigen, die sich von ihm abgewandt haben, die es so wollen? In einer derartigen Welt wären außerdem die Menschen (die echten und die künstlichen) total denkgesteuert und würden nur über so viel Kenntnisse verfügen dürfen, wie es ihnen erlaubt oder zugetraut wird, ohne Zugang zu höherem Wissen. Wenn sie sich dann etwa für glücklich halten, wäre es in dem Fall nur eine Illusion, weil sie nichts anderes kennen. So will es ja auch die Neue Weltordnung haben!

Etwas fällt mir bei diesen Geschichten auf. Scheinbar reisen einige Menschen in die Zukunft – und auch in die Vergangenheit – mitsamt dem Körper (vielleicht William Taylor – siehe Referenzen). Andere (zum Beispiel Paul Dienach) lassen den Körper in einem Schlaf- oder Komazustand zurück, während sie (in dem Fall als Seele) in die Zukunft gehen.

Eine bemerkenswerte Geschichte ist die von John Titor, der behauptete, aus dem Jahr 2036 hierher gekommen zu sein, anscheinend mitsamt seinem Körper. Diese Geschichte wird heute als ein betrügerischer Scherz betrachtet – aber das könnte auch Desinformation sein ...[16]

---

16 Verschaffen Sie sich selbst einen Eindruck. Das Buch liegt auf Deutsch unter dem Titel *Enthüllt!* vor, verfasst von John Titor, Bob Mitchell und Jason Quitt. Leseproben daraus finden Sie auf www.AmraVerlag.de.

Referenzen

- Time Traveler Who Went to 8973: https://www.youtube.com/watch?v=5eAC1Ka0Reg
- Time Traveler Who Went to 8973 Explains The Mandela Effect: https://www.youtube.com/watch?v=HS_rSh52SAg
- Lügendetektor-Test bestanden: «Zeitreisender» war im Jahr 8973: https://www.pravda-tv.com/2018/11/luegendetektor-test-bestanden-zeitreisender-war-im-jahr-8973-video
- Paul Dienachs faszinierende Reise in die Zukunft: https://www.pravda-tv.com/2018/08/paul-dienachs-faszinierende-reise-in-die-zukunft-video
- John Titor: The »Time Traveller« From 2036: https://www.youtube.com/watch?v=1X81feQpq1Q&vl=en
- John Titor: https://en.wikipedia.org/wiki/John_Titor
- Meeting JOHN TITOR The Time Traveler, A New Alternative Story on John Titor: https://www.youtube.com/watch?v=UDJfeqFqA3M
- Cyborg – Der künstliche Mensch ist bereits Realität: https://www.management-circle.de/blog/cyborgs

Terraforming

*T*erraforming oder Geoengineering (Erdumgestaltung) ist eine Idee, die nun bereits ein Plan ist. Ursprünglich ging es darum, andere Planeten für Erdenmenschen bewohnbar zu machen, vor allem den Mars. Es gibt schon lange Pläne, den Mars zu kolonisieren und ihn sozusagen zu »beerdigen«, ihn als Zufluchtsort für die Menschheit zu nutzen, wenn die Lebensbedingungen hier zu schwer werden. Aber man spekuliert auch über die Bewohnbarmachung des Mondes und der Venus. Was den Mond betrifft, scheint er möglicherweise bereits bewohnt zu sein! Da steht ein Verbotsschild! Mehr darüber im nächsten Abschnitt. Was die Venus betrifft, gibt es mehrere Hinweise darauf, dass sie ebenfalls bewohnt sein könnte, aber von einer hochentwickelten außerirdischen Zivilisation, die uns niemals erlauben wird, ihren Planeten zu kolonisieren.

Was unsere Erde anbelangt, geht es vor allem darum, sie durch geeignete Maßnahmen nach eigenwilligen Vorstellungen oder Forderungen in Bezug auf zukünftige Lebensbedingungen neu zu gestalten. Diese Vorstellungen sind viel mehr politisch motiviert im Sinne von Macht und Herrschaft über die Menschen, als offen zugegeben wird. Zu den offiziellen Behauptungen gehört die Vorbeugung gegen eine behauptete Klimakatastrophe, deren Existenz als eine Bedrohung für die Zukunft schon lange von manchen Wissenschaftlern wiederholt bestritten wird. Werden wir hier betrogen und manipuliert? Wer hätte etwas davon? Es würde jedenfalls in die Pläne der Neuen Weltordnung passen, weil man mit Maßnahmen für die Verhütung und Rettung nicht nur viel Geld verdienen, sondern auch Bevölkerungen kontrollieren und manipulieren kann. Wenn die Menschen nur hinreichend viel Angst vor der Zukunft haben, lassen sie schließlich alles über sich ergehen, auch massive Einschränkungen ihrer Freiheit und Privatsphäre, was – wie gesagt – zu den Plänen der Neuen Weltordnung passt. Geht es wiederum um vordergründige Motivation und hinterhältige Absicht? Zum Beispiel darum, von bestimmten Vorhaben hinter unserem Rücken abzulenken, die mit der Durchsetzung der Neuen Weltordnung zu tun haben?

Man will uns auch glauben lassen, dass das Kohlendioxid (CO_2) ein Schurke im Drama sei. Dieses Gas ist jedoch ein sehr wichtiges Glied in einem Kreislauf, der uns alle mit Sauerstoff versorgt. Alle grünen Pflanzen, Sträucher und besonders Bäume generieren daraus via Chlorophyll und Sonnenlicht reinen Sauerstoff. Der Verdacht drängt sich auf, dass bestimmte Kräfte diesen Kreislauf unterbrechen wollen, und das geschieht auch allmählich durch die Zerstörung der Natur, besonders der Regenwälder, welche die Lungen unserer Erde sind.

Außerdem wurde nachgewiesen – aber dann bald wieder vertuscht und gelöscht –, dass die Klimaparameter in eine gewollte Richtung manipuliert wurden. Hier ein aktuelles Beispiel dafür, wie das in die Pläne der Neuen Weltordnung passt: Man lässt uns nach wie vor glauben, Diesel sei schädlicher als Benzin, obwohl neue Untersuchungen das Gegenteil zeigen. In einigen Großstädten wurde der Dieselverkehr bereits verboten, oder man will ihn verbieten. Dabei scheint es aber vielmehr um die Kontrolle und Überwachung des privaten Personenverkehrs zu gehen! Wenn das Dieselverbot von der Bevölkerung geschluckt ist, geht es dem Benzin an den Kragen und schließlich dem privaten Autoverkehr überhaupt. Privates Autofahren soll weitgehend verbannt werden. Die Menschen sollen nicht unüberwacht und ohne Kontrolle herumfahren, wo und wie sie gerade wollen, sondern staatliche und kommunale Verkehrsmittel benutzen (auch wenn sie petroleumbasierte Treibstoffe verwenden …). Man will wissen können, wann sie sich wo befinden und was sie dort tun und auch noch verhindern, dass sie sich zu verbotenen Zeiten in verbotenen Zonen herumtreiben. Alles nach dem Motto: Der »Große Bruder« hat ein Auge auf dich! Kameras und Gesichtserkennung in Bussen und Zügen, an Bahnhöfen und öffentlichen Plätzen machen es möglich. In China hat das bereits Einzug gehalten.

Man will auch nach und nach offene Feuer sowie das Heizen und Kochen mit Holz verbieten, als wären Ölheizungen besser. Nun ja, für die Petroleumindustrie ist das jedenfalls profitabler. In einigen Staaten der USA ist es auch bereits verboten, einen Gemüsegarten zu haben und Regenwasser zu sammeln. Man soll stattdessen genmanipulierte Produkte verzehren, die sogar noch als »gesünder« propagiert werden! Und Wasser, unser Lebenselixier? Der Zugang zu Wasser ist mittlerweile kein Menschenrecht mehr, und was auf den Boden deines Grundstücks fällt, gehört nicht mehr dir. Man hat gefragt, wem es gehört, aber niemand kennt eine andere Antwort als »Jedenfalls nicht dir!«. Das Unternehmen Nestlé hat Wasser effektiv *patentiert* und das Alleinrecht zum Zugang zu Wasser an sich gerissen. Der diesbezügliche Zukunftsplan gehört zum Gemeinsten, was es in diesem Zusammenhang gibt: Man soll Trinkwasser *kaufen* und nirgends mehr gratis bekommen. Die Firma Nestlé hat sich bereits Quellen angeeignet, an denen das Volk sein Wasser bisher frei holte, und das ist jetzt natürlich verboten.

Diese Dinge passen perfekt zur Neuen Weltordnung: Wer sich nicht fügt, bekommt kein Wasser mehr – zum Beispiel derjenige, der nach dem neuen chinesischen Punktesystem zu wenig positive Punkte hat oder zu viele negative. Radikaler geht es wohl nicht! Die Ausrede, dies geschähe, um den Wasserzugang zu schützen und ihn für die Menschheit zu sichern, ist äußerste Heuchelei, denn es geht um Profitmaximierung durch illegale Aneignung und die Kontrolle über Grundnahrungsmittel. Und wer kann solchem Wasser noch vertrauen, wenn nicht einmal klar ist, welche heimlichen Zusätze darin enthalten sein könnten?

Eine kleine Blüte zwischendurch: Wussten Sie, dass es bereits seit 1985 in Deutschland durch ein Saatgutverkehrsgesetz verboten ist, Gemüse und Obst von herkömmlichen und seit Jahrhunderten genutzten Sorten zu produzieren? Man wird gezwungen, genetisch entwertete Sorten mit beschränktem Nahrungswert zu verwenden und auf den Markt zu bringen, deren gesundheitliche Langzeitwirkung nicht erforscht ist und verschwiegen wird. Und wem nützt das? Wer verdient an der Beschädigung der Volksgesundheit und an einem größeren Bedarf an Pflanzenschutzmitteln durch neue, aber empfindlichere Sorten? *You name it.*

Was einst für andere Welten gedacht war, erleben wir jetzt auf unserem Himmelskörper: Es geht um das Terraforming unserer Erde. Es geht darum, »unnütze Esser« loszuwerden und diese Welt auf ihre neuen offiziellen Herrscher, die Anunnaki, vorzubereiten (siehe Referenzen). Sie benötigen andere Lebensbedingungen als wir! Sie wollen eine ihnen angepasste Atmosphäre und legen überhaupt keinen Wert auf Natur und einheimische Lebensformen in Form von Tieren und Pflanzen! Die kann man genauso gut aussterben lassen, und eben das geschieht: Auf unserer Erde sterben Insekten, Eidechsen, Frösche, Vögel und andere Tierarten massenweise. Und das hat noch den großen Vorteil, dass den Menschen daraus profitabler Schaden erwächst!

Man will die Sonneneinstrahlung ausblenden, und gewiss nicht, um die Erderwärmung zu verringern – die in Wahrheit unproblematisch bis nicht existent ist. Vielmehr geht es darum, bestimmte Komponenten in der Sonnenstrahlung herauszufiltern, die dem biologischen Leben in der Natur zuträglich sind. Deshalb bemüht man sich schon lange darum, angeblich destruktive Auswirkungen der sogenannten Klimakatastrophe zu *simulieren*, indem man katastrophale Wetterzustände herstellt, und das mit Technologien, die auch als Waffe gebraucht werden. Vor allem zwei Techniken werden dazu verwendet: HAARP und Chemtrails. Die Menschheit soll glauben, dass die Klimakatastrophe echt ist – aber daran, dass es diese Technologien gibt, soll sie nicht glauben. Da seien die »Verschwörungstheorien« vor.

HAARP und Chemtrails

HAARP (*High Frequency Active Auroral Research Program*) wird als ein an sich harmloses Forschungsprojekt dargestellt. Es habe nichts mit Wettermanipulation zu tun, erzeugt aber gleichwohl auffallende Wolkenmuster, zum Beispiel waschbrettähnlich, wie durch stehende Energiewellen in der Atmosphäre. Man will uns natürlich ausreden, dass solche Muster von HAARP kämen, was bewusstseinsmäßig wache Menschen wenig überzeugt, je länger sie anhalten. Es gibt eine starke HAARP-Anlage in Puerto Rico, und ich beobachte seit Jahren, dass bei starken Erdbeben ganz gleich wo auf der Erde auffallende Schwärme von sehr vielen, aber relativ schwachen Beben dort gleichzeitig stattfinden. Mir scheint, als wären das sozusagen »Rückstöße« von Aktivitäten auf Puerto Rico. Ab und zu mal, na ja, aber jahrelang immer und immer wieder … und doch soll es keinen solchen Zusammenhang geben?

Was Chemtrails anbelangt, wird uns ein Mantra stetig wiederholt. Es seien nur Kondensstreifen von Linienflugzeugen – obwohl sie sich auffallend anders als solche verhalten. Ein Kondensstreifen löst sich hinter dem Flugzeug bald auf und verbreitet sich kaum, der Chemtrail bleibt lange liegen und ist noch sehr weit hinter dem Flugzeug sichtbar und verbreitet sich allmählich durch seitliche Ausdehnung. Mehrere Whistleblower, von denen es zum Glück immer mehr gibt, unter anderem Piloten, die das Schweigen brachen, bestehen darauf, dass damit chemische Substanzen in die Atmosphäre gesprüht werden, die uns Menschen oder auch physikalische Eigenschaften unserer Lufthülle manipulieren sollen.

Der Unterschied zwischen Kondensationsstreifen und Chemtrails ist der, dass Erstere praktisch nur harmlosen Wasserdampf enthalten, der sich leicht auflöst, während letztere eine Vielzahl von Mikropartikeln enthalten, die einerseits Kondensationskerne für die Wolkenbildung darstellen und andererseits auch bis zu sechzehn verschiedene Metalle enthalten, die eine biologische Wirkung haben, darunter Aluminium, Arsenik, Barium und Quecksilber.

Wie gesagt liegt es im Interesse der Neuen Weltordnung, dass die intellektuelle Fähigkeit der Bevölkerung begrenzt ist. Der Grund ist der, dass die Menschen fähig sein sollen, ihre Arbeit und ihre Aufgaben gut zu bewältigen, aber möglichst ohne sie zu hinterfragen. Wer eine unnötig hohe Intelligenz hat, versteht zu viel und lässt sich weniger leicht manipulieren. Eine solche Person neigt zu eigenen Gedanken und könnte sich in Bezug auf gesellschaftliche und politische Fragen eine eigene Meinung bilden. Damit drohen eigene Wege! Es könnten Dinge umgangen oder etwas verweigert werden! Eigeninitiative? Wie wir in der heutigen Welt deutlich erkennen, ist das unerwünscht, und es wird durch Gesetze und andere Maßnahmen gegen Meinungsfreiheit, Informationsfreiheit und freien Willen bekämpft. Dafür hält die herrschende Elite einen IQ in der Bevölkerung im Bereich von 90 bis 100 für optimal. Entsprechend wird beobachtet, dass der IQ in der Bevölkerung seit 2000 allmählich deutlich abnimmt. Dafür gibt es viele Ursachen, wie die Verschlechterung der Schulbildung, Gehirnwäsche, Denksteuerung durch die Medien und so weiter, aber auch chemische und pharmazeutische Manipulation etwa durch Nervengifte wie Fluor und Aluminium, wozu manche auch die Chemtrails zählen würden.

Ein Beispiel dafür, wie man Leichtgläubige manipuliert, ist die Ausnutzung der Schülerin Greta Thunberg in Schweden, die mit schwerer Munition der Bevölkerung und nicht zuletzt den Minderjährigen Angst vor einer Klimakatastrophe eintrichtert, die es in dieser Form überhaupt nicht geben kann. Im polnischen Katowice etwa hat man sie vor Kameras so reden lassen, als stünde sie vor einem voll besetzten Versammlungssaal – der sich aber als leer herausstellte, als das Video bereits verbreitet war ... Dann ging es mit neuen Schauauftritten weiter. Alles wohl nur, um von irgendetwas hinter unserem Rücken abzulenken, was mit Globalisierung und Neuer Weltordnung zu tun hat. Und natürlich für den Profit eines Familienunternehmens.

Referenzen

- Terraforming: https://de.wikipedia.org/wiki/Terraforming und https://en.wikipedia.org/wiki/Terraforming
- Geoengineering: https://de.wikipedia.org/wiki/Geoengineering

- Colonization of the Moon: https://en.wikipedia.org/wiki/Colonization_of_the_Moon
- Terraforming of Venus: https://en.wikipedia.org/wiki/Terraforming_of_Venus
- Alien Cities Found On Venus IS 100% Proof Venus Is Inhabited Now: https://www.ufosightingsdaily.com/2016/11/alien-cities-found-on-venus-is-100.html
- Amazing Cities in Venus (in Spanisch): https://www.youtube.com/watch?v=w6VKDnDJchM
- First geoengineering experiment to dim the sun on track for 2019: https://www.dezeen.com/2018/12/11/first-solar-geoengineering-experiment
- Terraforming has begun: https://climate.news/2018-12-04-global-dimming-globalist-plot-to-eliminate-humanity-terraforming-food-crops-pollution.html
- Project To Cool Earth By Dimming The Sun Poised For Groundbreaking Test Run: https://www.iflscience.com/environment/project-to-cool-earth-by-dimming-the-sun-poised-for-groundbreaking-test-run/
- Stratospheric aerosol injection: https://en.wikipedia.org/wiki/Stratospheric_aerosol_injection
- Scientists Ridicule Latest Round of Federal »Climate Change« Hysteria: https://www.thenewamerican.com/tech/environment/item/30735-scientists-ridicule-latest-round-of-federal-climate-change-hysteria?vsmaid=2193&vcid=1665
- Former NOAA Scientist Confirms Colleagues Manipulated Climate Records: https://climatechangedispatch.com/former-noaa-scientist-confirms-colleagues-manipulated-climate-records
- Die verheimlichte Historie vom Klimawandel durch Wettermanipulation!: https://www.pravda-tv.com/2018/11/die-verheimlichte-historie-vom-klimawandel-durch-wettermanipulation
- The Great Global Warming Swindle: https://www.youtube.com/watch?v=oYhCQv5tNsQ
- Why CO_2 Is Essential For All Life On Earth: https://climatechangedispatch.com/co2-life-earth
- Diesel is now better than gas, study says: https://phys.org/news/2017-07-diesel-gas.html
- Big brother: China's data-driven Social Credit system sounds like a sci-fi dystopia: https://www.thenational.ae/arts-culture/comment/big-brother-china-s-data-driven-social-credit-system-sounds-like-a-sci-fi-dystopia-1.774372

- Big Brother is watching you – How China is ranking its citizens: https://www.youtube.com/watch?v=NV9MTEgom_k
- Big data meets Big Brother as China moves to rate its citizens: https://www.wired.co.uk/article/chinese-government-social-credit-score-privacy-invasion
- Gärtner und Bauern als Schwerkriminelle – weil sie alte Obst- und Gemüsesorten anbauen: https://www.neopresse.com/gesellschaft/gaertner-und-bauern-als-schwerkriminelle-weil-sie-alte-obst-und-gemuesesorten-anbauen
- Saatgutverkehrsgesetz: https://www.gesetze-im-internet.de/saatverkg_1985/BJNR016330985.html
- Nestlé stiehlt Menschen in Afrika das Wasser – Pure Life Skandal: https://freie-medien.tv/nestle-stiehlt-menschen-in-afrika-das-wasser-pure-life-skandal
- Study shows massive loss of insect populations and corresponding declines in lizards, frogs, and birds: http://www.desdemonadespair.net/2018/10/hyperalarming-study-shows-massive-loss.html
- Why Are They Spraying?: https://www.chemtrailsafety.com/why_are-they_spraying.html
- What are They Spraying in The Sky?: https://www.chemtrailsafety.com/chemtrails_contrails.html
- Chemtrail pilot speaks: https://www.youtube.com/watch?time_continue=64&v=lZaD-H_j3pU
- Wettermanipulationen durch Geoengineering – Radaufnahmen beweisen fabriziertes Winterwetter: https://www.pravda-tv.com/2018/12/wettermanipulationen-durch-geoengineering-radaufnahmen-beweisen-fabriziertes-winterwetter-video
- Geoengineering Watch Global Alert News, December 15, 2018: https://www.youtube.com/watch?list=PLwfFtDFZDpwtijqkJiOyc-WJOaGWOfVGG&v=C1dHgPg6St8
- Bedenkliche Erkenntnis! Der IQ fällt weltweit!: http://uncut-news.ch/2019/01/16/bedenkliche-erkenntnis-der-iq-faellt-weltweit
- Den intellektuella förmågan har minskat i hela befolkningen sedan 2001 (Schwedisch: »Die intellektuellen Fähigkeiten in der ganzen Bevölkerung nehmen seit 2001 ab«): https://solveig21miljoblogg.wordpress.com/2018/12/10/den-intellektuell-formaga-har-minskat-i-hela-befolkningen-sedan-2001
- Die Klima-Ikone Greta: https://connectiv.events/die-klima-ikone-greta-thunberg-wird-dieses-maedchen-fuer-eine-profitable-good-cause-company-instrumentalisiert/

- Den store kondensstripebløffen! (Norwegisch: »Die große Kondensstreifenlüge«), wissenschaftlicher Artikel von einem Spezialisten bei CERN: http://www.nyhetsspeilet.no/2018/12/den-store-kondensstripe-bloffen

Der Mensch als Computerterminal

*E*s gibt ein sehr aktuelles Entwicklungsgebiet, worüber die Öffentlichkeit nur wenig aufgeklärt wird, wahrscheinlich deshalb, weil die weitreichenden Konsequenzen ungeheuerlich sind. Man entwickelt nämlich schon seit langer Zeit Chips zum Implantieren im Gehirn, um den Menschen mit einem Computer und bei weiterem Ausbau mit einem ganzen Computernetz zu verbinden. Dann ist man kein Mensch mehr, sondern kann vom Computer übernommen und gesteuert werden – und wird es auch letztlich, weil das das eigentliche, aber geheime Entwicklungsziel sein wird.

In den wenigen Veröffentlichungen darüber wird dies natürlich wissenschaftlich schöngeredet. Man habe dann ungeahnte Fähigkeiten und würde zu einem Supermenschen, wozu man aber Persönlichkeit, Identität, Individualität, eigene Kreativität und Ich-Sein opfert. Man spricht von telepathischer Kommunikation mit anderen Menschen und auch mit Maschinen, die man mit Gedanken steuern könne. Das ist keine Telepathie, sondern der Ersatz einer in uns verborgenen Fähigkeit, die nur entwicklungsbedürftig ist. Wahre Telepathie braucht keine Maschine, keine Geräte, keine Elektronik, keine

Computerverbindung, denn sie läuft über Dimensionen, die über unsere drei hinaus noch existieren. Aber gerade das will unsere 3D-verkrüppelte Wissenschaft nicht wahrhaben, denn dadurch könnten ja die Menschen *frei* werden.

Das politische System gönnt uns keine Freiheit, sondern will sie im Gegenteil einschränken ... Lieber soll jeder eine Art Cyborg sein, der nur das tut und auch nur das denkt, was das Computernetz will. Bloß *ein* falscher Gedanke, bloß *eine* über den Rahmen hinausgehende eigene Initiative, und gleich reagiert das Computernetz mit einer »Korrektur« und lenkt uns in vorgeschriebene Bahnen zurück. Keine Gefühle mehr, erst recht kein Mitgefühl, nichts als ein Roboterglied eines elektronischen »Großen Bruders«. Man ist dann ein Computerterminal geworden. Man spricht in diesem Zusammenhang von Transhumanismus. Vielleicht wäre die Bezeichnung enthumanisierende Cyberzombifizierung besser ...

So sieht die ultimativ Neue Weltordnung aus! *Eine* Menschheit, *eine* Welt – alle zusammen *ein* riesengroßer *Monster*-»Mensch« – *eine* Sprache, *ein* Denken, *ein* Volk, *eine* Macht, *keine* Religion, *keine* selbstständige Kultur, *keine* Eigeninitiative ... *eine* graue Sklavenmasse unter *einem* »Großen Bruder«. Vgl. die unten beschriebene Zukunftsvision des John Lilly.

Wegen dieser bereits weit fortgeschrittenen Entwicklung, die schon heute über das Implantieren eines Chips in die Hand hinausgeht, dürfte die Gefahr bestehen, dass Menschen während zukünftiger Operationen routinemäßig Hirnimplantate bekommen, heimlich, aber vorschriftsgemäß, die vielleicht nicht viel größer als ein Reiskorn sind ... von Anunnaki vermittelte Techniken werden es wohl ermöglichen.

Referenzen

- Hacking The Brain – The Future Computer Chips In Your Head: https://www.forbes.com/sites/civicnation/2018/12/18/i-am-a-college-linebacker-tackling-sexual-assault-why-i-oppose-the-proposed-title-ix-rule-changes/#670295901313
- Mind control – Surgeon will implant chip in your brain: https://www.express.co.uk/news/science/889900/Brain-computer-chip-connected-internet-Dr-Eric-Leuthardt
- SUPERHUMANS – Chips inserted in brains will give us MIND-BLOWING abilities within years: https://www.express.co.uk/news/science/877457/brain-function-dementia-super-power-human-kernel
- Why You Will One Day Have a Chip in Your Brain: https://www.wired.com/story/why-you-will-one-day-have-a-chip-in-your-brain
- A chip for a brain-machine interface is being built in Australia: https://www.businessinsider.com.au/chip-brain-machine-interface-science-australia-2018-9
- Neurotechnology, Elon Musk and the goal of human enhancement: https://www.theguardian.com/technology/2018/jan/01/elon-musk-neurotechnology-human-enhancement-brain-computer-interfaces
- Brain-computer interface allows for telepathic piloting of drones: https://sociable.co/technology/brain-chip-interface-telepathic-drones
- Elon Musk – I'm about to announce a »Neuralink« product that connects your brain to computers: https://www.cnbc.com/2018/09/07/elon-musk-discusses-neurolink-on-joe-rogan-podcast.html
- AI brain chips will create a new breed of superhumans who can communicate via TELEPATHY: https://www.dailymail.co.uk/sciencetech/article-5180417/AI-brain-chips-create-new-breed-super-humans.html
- Transhumanism: https://en.wikipedia.org/wiki/Transhumanism
- Transhumanismus – die größte Gefahr für die Menschheit: https://www.sein.de/transhumanismus-die-groesste-gefahr-fuer-die-menschheit
- Robotermenschen, Cyborg-Soldaten, antike Riesen, Nephilim: https://www.youtube.com/watch?v=Tj-2o_Lj0vk&feature=youtu.be

Die Erde als Kerker?

$\mathcal{E}$s wurde wiederholt behauptet, dass wir von Außerirdischen auf der Erde effektiv eingekerkert worden sind. Wir sollen den Planeten nicht ohne Weiteres verlassen können und bestimmte Energien von außen sollen uns nicht erreichen können, besonders solche nicht, die von gutgesinnten außerirdischen Zivilisationen kommen. Dazu schreibt das Medium Barbara Marciniak in ihrem Buch *Boten des neuen Morgens* (eines der wenigen gechannelten Bücher, bei denen ich wirklich ein gutes Gefühl habe): »Ein Frequenzzaun, einem elektrischen Zaun vergleichbar, wurde um den Planeten gelegt, um zu überwachen, wie sehr die Frequenzen der Menschen moduliert und verändert werden können.«

Vor einigen Jahren haben Forscher eine mysteriöse energetische Abschirmung im Van-Allen-Strahlengürtel entdeckt, etwa 11.600 Kilometer über der Erde, der ein Durchdringen von Materie scheinbar unmöglich macht. Es ist bekannt, dass der Van-Allen-Gürtel ein Hindernis für die Raumfahrt von der Erde weg darstellt, das man überwinden muss. Das Problem sind gefährliche Strahlungen. Der Gürtel könnte aber auch eine unsichtbare Energiebarriere sein.

Möglicherweise ist dies ein Grund dafür, warum nach dem physischen Tod die Seele des Menschen nicht ohne Weiteres die Erde verlassen kann. Ist die Erde tatsächlich ein Gefängnis? Ist sie eine Art Strafkolonie? In Rückführungen erleben Menschen tatsächlich manchmal, wenn auch selten, dass sie früher – meist einige Inkarnationen zurück – auf einem anderen Planeten gelebt haben. Warum ist dann diese Person heute auf unserer Erde? In einigen wenigen Fällen lautete die Antwort, dass sie hierher verbannt worden war! Weshalb? Sie hätte auf jenem Planeten etwas falsch gemacht und gegen dortige Gesetze verstoßen, hieß es. So, als sei unsere Erde etwas, was früher Australien für die Engländer war ...

Die NASA behauptet zwar, dass der Van-Allen-Gürtel uns gegen gefährliche Strahlungen und sogenannte »Killer-Elektronen« (die zum Beispiel von intensiven Sonneneruptionen herrühren) und auch gegen heranfliegende Asteroiden schütze. Aber das ist vielleicht nicht alles.

Gegenwärtig wird ziemlich viel darüber diskutiert, ob Menschen je auf dem Mond waren. Man behauptet sogar, dass die Filme von den Mondlandungen tatsächlich in Studios oder geeigneten Landschaften auf der Erde aufgenommen wurden. Mehrere Ungereimtheiten in den Filmen sprechen dafür; zum Beispiel könnte die US-Flagge dort nicht flattern, wie bei einem leichten Wind, denn auf dem Mond gibt es ja keine Luft! Aus dem gleichen Grund könnte bei der Landung kein Staub aufgewirbelt werden. Die Spiegelungen in den Helmen lassen manchmal etwas erkennen, was es auf dem Mond nicht geben kann, wohl aber in der Landschaft, in der diese Filme entstanden sein könnten. Die Aufnahmen wurden wohl nicht gut genug retuschiert ... Ein paar »Mondfahrer« sollen nach vielen Jahren auch zugegeben haben, dass alles »Fake« war.

Das schließt jedoch nicht aus, dass die Barrieren solcher Energiegürtel mit der entsprechenden Technik, die vor uns geheim gehalten wird, doch überwunden werden können. In der mesopotamischen Schöpfungsgeschichte *Enuma Elish*

(*Buch 1*, »Was ist Nibiru?«) wird erzählt, dass man nicht ohne Erlaubnis an Nibiru vorbeikommt, dem Heimatplaneten der Anunnaki, dass sich Tore an beiden Seiten öffnen und ihn rechts und links mit starken Riegeln verschlossen hält. Sollte unser Mond wirklich Nibiru sein (*Buch 1*, »Könnte Nibiru unser Mond sein?«), sind solche Barrieren wahrscheinlich sehr sinnvoll! Obwohl ein »Durchdringen von Materie« an sich behindert oder erschwert würde, werden ja Raumsonden in den Weltraum gesandt und sogar auch ferngesteuerte Fahrzeuge abgesetzt. Offensichtlich geht das auf geeigneten Wegen, vielleicht durch bestimmte »Passagen« – oder möglicherweise durch die »Erlaubnis« in geheimen Abmachungen mit außerirdischen Kontrollinstanzen? Dabei handelt es sich noch um unbemannte Raumflüge, bei denen Strahlungen kein wesentliches Hindernis sein müssten.

Eine weitere Hypothese ist, dass die Erde ein von Außerirdischen geschlossenes Labor sein könnte, in dem ein Experiment mit biologischen Lebensformen durchgeführt wird, wobei man beobachten will, wie ein solches System sich entwickelt und was daraus wird. Das wäre dann eine kosmische Analogie zum Miller-Urey-Experiment (siehe Anhang 2), nur nicht in einem geschlossenen Glasbehälter, sondern auf einem energetisch geschlossenen Planeten.

Referenzen

- Barbara Marciniak: *Boten des neuen Morgens*, Schirner Verlag, Darmstadt 2004, und http://www.himmels-engel.de/deutsch/svetelna_knihovna/de_boten_des_neuen_morgens.htm
- Earth's Quarantine Force Field Discovered By NASA?: https://www.wakingtimes.com/2014/12/03/earths-quarantine-force-field-discovered-nasa-2

- Van-Allen-Gürtel: https://de.wikipedia.org/wiki/Van-Allen-Gürtel
- Star-Trek-like invisible shield found thousands of miles above Earth: https://www.colorado.edu/today/2014/11/26/star-trek-invisible-shield-found-thousands-miles-above-earth
- Der Van-Allen-Gürtel ist ein unsichtbares Gefängnisgitter um die Erde: https://marbec14.wordpress.com/2018/08/02/wissenschaftler-bestaetigen-van-allen-guertel-ist-ein-unsichtbares-gefaengnisgitter-um-die-erde
- Die Zoo-Hypothese – Menschheit unter Beobachtung: https://www.pravda-tv.com/2018/07/die-zoo-hypothese-menschheit-unter-beobachtung
- Zoo hypothesis: https://en.wikipedia.org/wiki/Zoo_hypothesis

Die Reinkarnationsfalle

*E*s gibt Anlass dazu, das Dasein auf dieser Erde auch insofern als Kerker zu betrachten, als bestimmte Mächte die Seele des Menschen möglichst hierbehalten wollen. Sie soll diesen Planeten nicht verlassen können. Wie in *Buch 2* im Kapitel »Die Reinkarnationsfalle« erläutert, will der Fürst dieser Welt seine Untertanen nicht gehen lassen, sondern ihre Seelen dadurch »recyceln«, dass er sie hier wieder inkarnieren lässt. Dieser Fürst ist Jahweh, der nicht der wahre Schöpfergott ist, sondern – selbst erschaffen – sich uns irreführend als Gott darstellt, wobei wir vom *Höchsten Gott*, der Urquelle oder Urenergie, nichts wissen sollen.

Zu diesem Zweck hat er eine Reinkarnationsfalle in der Form eines Tunnels eingerichtet, der der vom physischen Leib abgelösten Seele häufig auch so erscheint. Dieser Tunnel ist innen hell, und oft sieht man am anderen Ende ein noch helleres Licht. Man fühlt sich davon angezogen, und viele Seelen gehen deshalb dort hinein. Oft sind lichtvolle Wesen anwesend und sollen dazu auffordern. Es kann auch sein, dass man meint, die Seele einer verstorbenen nahestehenden Person zu sehen, die einen zum Einstieg in den Tunnel einlädt. Meine dringende Aufforderung ist: *Steige nicht in diesen Tunnel!* Das Licht am anderen Ende ist *nicht* das wahre Licht, sondern ein luziferisches, das einen in diese Welt zurück leitet. Dann verpasst man aber eine andere und erheblich wichtigere Alternative, nämlich in andere Welten und Dimensionsbereiche zu gehen und dort zu inkarnieren, oder vielleicht auch einfach, ohne eine konkrete Verkörperung dort zu sein.

Es ist auch behauptet worden, dass archontische Wesenheiten auftauchen, wenn wir sterben oder der Tod nahe ist, die in unserem Gedächtnis und unserer Seele »lesen« können, die Bilder von verstorbenen Verwandten, Angehörigen und Freunden hervorholen können und sich dann selbst als solche zeigen, oder auch als »geistige Führer«. Das bedeutet, dass sie zu Trugbildern solcher Personen werden, die behaupten, uns auf dem nachtodlichen Weg begleiten zu wollen. Ihre Absicht ist es, uns in dieser dreidimensionalen jahwistischen Welt festzuhalten und uns wieder in sie hineinzu(ver)führen, damit wir ein weiteres Mal hier inkarnieren.

Ist die angeblich verwandte Person in dem Moment bereits gestorben und sollte es zu erwarten sein, dass sie wieder inkarniert ist, *kann* sie ja nicht da stehen, da ihre Seele bereits in einem neuen Körper ist. Ein analoges Phänomen ist bei medialen Sitzungen unter dem Begriff »Foppgeister« bekannt, wenn eine Wesenheit sich für eine Seele ausgibt, die sie nicht ist.

Gehe also nicht in den Tunnel, sondern schaue höher hinauf. Siehst du dort ein noch helleres Licht, dann gehe dorthin! Ist an dem Tunnel eine Gestalt, die sich als mit dir verwandt ausgibt, frage erst einmal: »Kommst du im Namen Christi?«, oder auch, glaubensmäßig neutraler: »Kommst du im Namen (oder in der Liebe) des Höchsten Gottes?« Vielleicht verzerrt sich schon durch diese Frage die Erscheinung. Fordere sie sonst noch zusätzlich auf: »Zeige deine wahre Gestalt!« Sollte die Gestalt den Eindruck erwecken, echt zu sein, könntest du versuchen, ihr eine Fangfrage zu stellen. Lass dich nicht von falschen Gefühlen täuschen. Dasselbe gilt bei einem angeblichen Geistführer oder einer engelartigen Erscheinung. Gerne deutlich werden: »Ich nehme nur an, wer wahrhaft im Namen Christi kommt« oder »… im Namen des Höchsten Schöpfers«.

Es gibt etwas im Tibetischen Totenbuch, dem *Bardo Thödol*, das hieran erinnert: Wenn die Seele den Körper verlassen hat, sieht sie zuerst ein sehr intensives Licht, so stark und blendend, dass sie fast nicht hinschauen kann. Deshalb schaut sie weg und geht seitlich an dem Licht vorbei – und kehrt dann durch Reinkarnation in diese Welt zurück. Diejenigen hingegen, die dieser Reaktion widerstehen und *in dieses Licht hineingehen,* haben die Reinkarnation überwunden und den Kreislauf der Rückkehr in *diese* Welt verlassen. Die Seele kann dann in einer anderen der vielen Regionen der Schöpfung inkarnieren oder zum ursprünglichen Licht der Schöpfung zurückkehren, aus dem sie einmal kam.

Diese Erkenntnisse darüber, wie luziferische Mächte uns noch nach dem Tod irreführen wollen, entstanden durch eine intuitive Einsicht, die ich als Eingebung erhielt – in Beantwortung auf Fragen, die mich damals sehr beschäftigten.

Zu meiner Überraschung fand ich später eine Reihe von Videos im Internet (auch dank der Hinweise anderer), die mit diesen Erkenntnissen übereinstimmen. Eine Synchronizität?

Referenzen

- Maggie D. – Die Matrixwelt der Astralebenen: https://bewusstseins reise.net/die-matrixwelt-der-astralebenen
- Greg Calise – Reincarnation Is Enslavement: http://howtoexitthema trix.com/2015/09/15/reincarnation-is-enslavement und The Final Grand Trick: http://howtoexitthematrix.com/2015/07/07/the-final-grand-trick
- Gregg Prescott – How To Exit The Reincarnation System: http://howtoexitthematrix.com/2016/10/28/how-to-exit-the-reincarnation-system
- Makia Freeman – Soul-Catching Net: Are We »Recycled« At Death To Remain In The Matrix?: http://howtoexitthematrix.com/2015/09/03/soul-catching-net-are-we-recycled-at-death-to-remain-in-the-matrix
- Tricked by the light – Reincarnation Trap: https://www.youtube.com/watch?v=GH9GnQVk1nY
- The Reincarnation Soul Trap: https://www.youtube.com/watch?v=lqldXbFYa34
- The Pleiadians on Soul Recycling – Reincarnation Trap: https://www.youtube.com/watch?v=4i9K9LIJnaA
- Why we are imprisoned in a reincarnation soul trap: https://www.youtube.com/watch?v=eGTs_Kogk8Q
- Is the Tunnel of Light a Trick?: Part 1, https://www.youtube.com/watch?v=BVxusmUHFbE; Part 2, https://www.youtube.com/watch?v=iZjQThU-z9k; Part 3, https://www.youtube.com/watch?v=MbnEdIuEWo
- How to escape the reincarnation prison matrix: Part 1, https://www.youtube.com/watch?v=eKoLn6VQqP4; Part 2, https://www.youtube.com/watch?v=MS71Y9YU_Yc; Part 3, https://www.youtube.com/watch?v=J7B0QEl619k
- Escape »Their« TRAP and Set Your Soul FREE: http://humansarefree.com/2015/03/escape-their-trap-and-set-your-soul-free.html
- Soul-Catching Net – Are We »Recycled« At Death To Remain In The Matrix?: http://howtoexitthematrix.com/2015/09/03/soul-catching-net-are-we-recycled-at-death-to-remain-in-the-matrix

Schlusswort

In *Buch 1* wurde eine Schöpfungsgeschichte beschrieben, die in mesopotamischen Keilschrifttafeln erzählt wird, besonders im Text *Enuma Elish*. Es wurde auch eine Schöpfungsgeschichte des Gnostischen Christentums dargestellt. Verschiedene alte Texte, wie zum Beispiel die Bücher Enochs und andere apokryphe, pseudoepigrafische oder sonstige Texte (die nicht in die Bibel mit aufgenommen wurden) erwähnen im Zusammenhang mit der Schöpfung einen »Fall der Engel« als einen Abfall von Gott. Origenes von Alexandrien erwähnte in seinem Buch *Peri Archón* Vergleichbares. Auch wenn die Terminologien unterschiedlich sind, gibt es Parallelen und Ähnlichkeiten, und es geht im Wesentlichen mehr oder weniger um dasselbe.

Solchen Schilderungen nach zeichnet sich das folgende Bild des Schöpfungsvorganges ab. Zuerst gab es überall nur das göttliche Licht, das zugleich der »Leib« des Schöpfers war. Darin waren bereits alle erschaffenen Wesen mit vorhanden, wie »Lichter im Licht« – also auch wir Menschen, die mit der Zeit als Seelen in Körper gingen, sowie andere Wesen, die nicht später verkörpert wurden. Gott hatte uns einen freien Willen zugesichert, den manche jener Wesen auch beanspruchen wollten, vor allem um aus dem Licht hinausgehen und Erfahrungen haben zu können, welche die Lichtwelt nicht bieten konnte. Origenes' Auffassung wurde ihm am Konzil in Konstantinopel 553 posthum vorgeworfen, und seine Lehren wurden als Irrmeinung verurteilt. Die zwei ersten bei diesem Konzil erlassenen Bannflüche lauten wie folgt:

1. Wenn einer die erdichtete Präexistenz der Seelen und ihre daraus folgende fantastische Wiederherstellung vertritt – so sei er im Banne.
2. Wenn einer sagt: Der Ursprung aller Vernunftwesen seien Intelligenzen ohne Körper und Stoff gewesen, zahllos und namenlos, und sie alle hätten eine Einheit gebildet durch die Identität der Substanz, der Kraft und Wirksamkeit und durch ihre Einung mit dem Gott-Logos und seine Erkenntnis; dann habe sie Überdruss erfasst an der Schau Gottes; sie hätten sich zum Schlechteren gewendet, je nachdem wie sehr eine jede dazu hinneigte, und hätten Körper angenommen, feinere oder dichtere, und einen Namen zugeteilt bekommen – denn es gibt Unterschiede sowohl der Namen wie auch der Körper bei den oberen Mächten –, und so seien sie teils Cherubim, teils Seraphim, teils Fürstentümer, Gewalten, Herrschaften, Throne, Engel und was es sonst an himmlischen Ordnungen gibt, geworden und benannt worden – so sei er im Banne.

Diejenigen, die aus dem Urlicht hinausgehen wollten, haben mit der Zeit das Dasein im Licht als langweilig empfunden. Immer nur Licht und Liebe und keine »Action« ... Außerdem war der freie Wille umständehalber doch eingeschränkt, weil wir im Licht alle miteinander verbunden waren, und gleichwohl individuell. Würde ein Wesen dort ein anderes irgendwie beleidigen oder verletzen, würde es durch diese Verbundenheit sofort die negativen Gefühle des anderen mitempfinden. Deshalb tat man manche Dinge doch nicht, die man unter Umständen gerne getan hätte. Auch diese Einschränkung wollten wir nicht mehr haben, sondern nach unserem Willen alles frei tun können, sogar rücksichtslos, wenn uns danach wäre.

Nun gab es ja erst nur dieses Urlicht und nichts anderes, und so stellte sich die Frage: Wie sollte man da hinausgehen können? Um es uns zu ermöglichen, zog sich Gott zusammen, ein Vorgang, der in der Kabalah *tzimtzum* genannt wird, so dass außerhalb seines Lichts ein finsterer Bereich entstand, wohin wir gehen konnten. Erst sollte aber eine Art Struktur und Ordnung in jenem Bereich entstehen. Dafür wurde im Licht ein Wesen erschaffen, das sich dem in ihm verborgenen Licht nicht bewusst sein sollte, weil es sonst Licht in die Finsternis bringen würde, und dann wäre es dort nicht mehr so finster. Die Gnostischen Urchristen nannten es Jaldabaoth. Dieses Wesen ging dann in den finsteren Bereich, nannte sich dort Jahweh, erschuf sich Mitarbeiter (die Archonten), und ließ mit ihnen zusammen materielle Welten entstehen. Nun konnten andere Wesen nachfolgen und in seinen Welten jenen Bereich bevölkern, und zwar mit Wesen, die zu Seelen wurden und in physische Körper gingen, aber auch mit unverkörperten Wesen.

Jahweh bezeichnete sich dann als der einzige Gott. In der gängigen Übersetzung von 2Mos 20,2-3 und 5Mos 5,6-7: »Ich bin der Herr, dein Gott, der ich dich aus dem Ägyptenland, aus dem Diensthause, geführt habe. Du sollst keine anderen Götter neben mir haben.« Die wörtliche Übersetzung beider Bibelstellen lautet aber: »Ich, Jahweh, bin dein Elohim, der dich vom Lande Ägypten und aus dem Haus der Diener herausgeführt hat. Es wird kein anderer Elohim an meiner Stelle zu dir kommen.« Das Wort Elohim ist die Mehrzahlform von El = Gott. Was hat hier Jahweh gemeint – derjenige »Elohim« (also einer der erschaffenen Götter) zu sein, der nun dir ein Gott sein soll, und erwarte nicht einen anderen? Jedenfalls widerspricht er nicht, dass es auch andere gibt, und er spricht eher im Sinne eines Konkurrenzverbotes ...

Dass es andere göttliche Wesen gibt, geht aus der Schöpfungsgeschichte der Gnostischen Urchristen eindeutig hervor. Sie sind von dem »unbenannten« ersten Gott erschaffen, vom *Höchsten Gott*, der in Kanaan El Eljon genannt wurde, von dessen siebzig Söhnen Jahweh einer war. Das erste erschaffene Wesen war Autogenes (»der aus sich selbst Entstandene«), den wir Christus nennen. Er sandte später Jesus als Botschafter.

Zu alledem berichtet die gnostische Schrift *Das Evangelium der Wahrheit*:

»Dies ist das Evangelium dessen, nach dem man sucht, welches geoffenbart wurde denen, die vollkommen sind durch die Gnadenerweise des Vaters, das verborgene Mysterium, Jesus Christus. Durch dieses hat er die erleuchtet, die in Finsternis waren durch das Vergessen. Er erleuchtete sie; er zeigte ihnen einen Weg. Dieser Weg aber ist die Wahrheit, die er sie lehrte. Deshalb hat der Irrtum seinen Zorn gegen ihn erhoben, er hat ihn verfolgt, er hat ihn gequält, er hat ihn vernichtet. Er wurde an ein Holz genagelt, und er wurde eine Frucht der Erkenntnis des Vaters, die kein Verderben brachte, wenn man sie aß. Diejenigen aber, die sie aßen, er veranlasste, dass sie sich freuen im Finden. Er fand sie in sich, und sie fanden ihn in sich.«

Wer hier als ein »Irrtum« bezeichnet wird, ist Jahweh, wie aus dem Zusammenhang in jenem Evangelium deutlich hervorgeht. Er ist ja ursprünglich Jaldabaoth, dessen Erschaffung in der gnostischen Schöpfungsgeschichte tatsächlich als ein »Irrtum« bezeichnet wird, obwohl es – wie oben angedeutet – durchaus seinen Sinn hatte.

Jahweh ist in der sumerischen Schöpfungsgeschichte offensichtlich der Anunnaku Enlil (*Buch 1*) und in seiner Grausamkeit und seinem Blutdurst hypothetisch mit Satan vergleichbar! Die ersten vom Schöpfergott (der in den Keilschrifttafeln Apsu genannt wird) erschaffenen Wesen wandten sich von Gott ab und erklärten ihn für »tot«, wonach sie so lebten, als gäbe es ihn nicht. Sie und Jahweh in seinem Bereich taten es ähnlich: Sie wandten sich vom Schöpfergott ab um in einem abgesonderten Bereich, einer Enklave in der Schöpfung, ihre eigene Welt aufzubauen. Erst »außergöttlich«, wurden sie dann antigöttlich, etwa im Sinne von »wenn schon, dann aber richtig«. Wir wurden als Seelen herbeigelockt, um uns in ihrer Welt zu verkörpern und dann durch Reinkarnation »recycelt« zu werden (*Buch 1*). Sie bauten eine Gegenwelt zur ursprünglichen Schöpfung auf, und wir befinden uns darin. Wie kommen wir da nun wieder heraus?

Die derzeitige Situation in dieser Welt ist eine Konfrontation zwischen den guten Kräften (Christus) und den bösen (Satan), in der wir zwischen den Fronten stecken. Die satanische Seite manifestiert sich heute in der Neuen Weltordnung. Wir werden kaum darum herum kommen, uns *für eine Seite zu entscheiden*! Es herrscht hier ein Krieg um die Menschheit. Der Satanismus hat einen wachsenden Einfluss und bietet Macht und Erfolg zu einem Preis, der sich nach dem Tod des

Körpers als Versklavung durch die satanistischen Mächte erweisen wird. Wer sich hier hat verlocken lassen, wird das bitter bereuen! Wer aber Christus wählt – den wahren Christus und nicht den Scheinchristus der Kirche –, wird keinen einfachen Weg durch dieses Erdenleben erwarten dürfen, ist aber nach dem Ableben des Körpers endgültig auf der Siegerseite, auf der Seite der Befreiten! Das ist jedenfalls meine Überzeugung, zu der ich durch das Studium relevanter Schriften, nach Tausenden von Rückführungen mit Klienten und Klientinnen und durch meine innere Führung gekommen bin.

So wie es heute in der Welt aussieht, scheint es immer unvermeidlicher zu sein, dass der Weg durch den Tiefpunkt einer weltumfassenden Katastrophe verlaufen wird, durch einen Endkampf. Es scheint wirklich so zu sein, dass die derzeitige Weltordnung zusammenbrechen muss, damit eine Erneuerung stattfinden kann, ein Neustart in eine andere Richtung. Aber wie? Durch einen Dritten Weltkrieg, mag er auch noch so anders ausfallen als erwartet? Erleben wir ihn gerade jetzt, in diesem Augenblick? Oder bedeutet dieser Endkampf, dass wir durch umfassende Naturkatastrophen von ständig zunehmenden Erdbeben hindurchgehen? Durch eine von vielen erwartete Umpolung des Planeten? Oder mehr oder weniger durch alles zusammen? Erst dann wird uns Christus einen neuen Botschafter senden können.

Wie auch immer: *Es gibt den Tod nicht!* Nur der Körper stirbt, aber die Seele ist unsterblich.

Das Sterben des Körpers kann zwar ein schmerzlicher Durchgang sein, aber wenn sich dann die Seele auf der besseren Seite befindet, hat sie gewonnen. Sonst muss sie wieder in diesen Sumpf zurück, mit seinem Leid und seinen Verlockungen, die dann wiederum Leid verursachen.

Referenzen

- Origenes' *Vier Bücher von den Prinzipien*, übersetzt von Herwig Görgemanns und Heinrich Karpp, Wissenschaftliche Buchgesellschaft, Darmstadt 1985, 2. Auflage (Bannflüche auf pp. 825-827)
- Jaldabaoth: https://anthrowiki.at/Jaldabaoth und https://de.wikipedia.org/wiki/Jaldabaoth
- *Tzimtzum:* https://de.wikipedia.org/wiki/Tzimtzum
- *Das Evangelium der Wahrheit:* https://web.archive.org/web/20071222052440/http://wwwuser.gwdg.de:80/~rzellwe/nhs/node20.html und https://epdf.tips/queue/die-gnostischen-schriften-aus-nag-hammadi-bibel-der-hretiker-die-gnostischen-sch.html
- Die Bibel (d.h. Jahweh!) ist grausam und menschenverachtend: https://web.archive.org/web/20190702195726/https://www.sapereaudepls.de/2017/08/05/die-dunklen-seiten-der-bibel
- The Impostor God: https://web.archive.org/web/20180901001111/http://www.enkiptahsatya.com/41-anu-yahweh-the-true-devil.html

Anhang 1

Der geheimnisvolle Mond

Im Jahr 2011 schrieb ich auf meiner damaligen Website darüber, dass die Mondbahn Anomalien aufweise. Sie schien nicht mehr ganz in der Ekliptik zu liegen, sondern dazu geneigt zu sein. Deshalb erschien der Mond manchmal in einer neuen, aber ungewöhnlichen Lage, wie zur Ekliptik verdreht. Er ging auch nicht mehr in der Nähe vom Sonnenuntergangspunkt am Horizont unter, sondern ziemlich weit davon entfernt. Darum suchte ich nach entsprechenden Beobachtungen im Internet, stieß aber nur auf einen Hinweis auf Berichte in der amerikanischen Zeitschrift *Backwoods Home Magazine*. Diese Berichte waren auf der Website der Zeitschrift allerdings nicht mehr zu finden. Ich stellte daraufhin eine Anfrage an die Zeitschrift, und man sandte mir freundlicherweise fünf PDF-Dateien mit einer Diskussion dieses Phänomens. Von irgendwoher – ich weiß nicht mehr, woher – bekam ich die Information, dass man Astronomen angeblich verboten habe, darüber zu berichten ... Wenn das stimmt, ist es sonderbar!

Im Jahr 2017 hielt der erfahrene CIA-Pilot John Lear einen Vortrag, in dem er behauptete, dass der Mond hohl und innen bewohnt sei und dass darin eine sehr große Zahl von Außerirdischen lebe, darunter viele der sogenannten Greys oder »Grauen«, die möglicherweise eher Bioroboter als außerirdische Intelligenzen sind. Wollte man durch die Informationssperre verhindern, dass es zu unerwünschten Spekulationen über Aliens auf dem Mond kommt?

Schon zu sumerischen Zeiten wurde meines Erachtens nach behauptet, dass der Mond innen hohl ist. In *Buch 1* erwähnte ich in dem Kapitel »Könnte Nibiru unser Mond sein?« eine entsprechende Theorie, die noch ein Stück weiter ging: Es wurde behauptet, dass es sich bei der Darstellung von Nibiru in der babylonischen Schöpfungsgeschichte *Enuma Elish* um unseren Mond handeln könnte. Nibiru ist unser Mond? Sollte es so sein, schließt das natürlich keineswegs aus, dass es den rätselhaften Planet X dennoch gibt. Dann hätten wir es hier mit zwei verschiedenen Planeten zu tun. Ich persönlich neige sehr zu der Auffassung, dass Planet X und Nibiru zwei verschiedene Himmelskörper sind und Letzterer dann eben unser Mond.

Übrigens: Nicht nur der Mond scheint seine Lage geändert zu haben, nun wird auch über die Erde selbst gemeldet, dass sich etwas an ihrer Umlaufbahn geändert hat.

Ein Vorbote des Polsprungs?[17]

Referenzen

- Huge Media Blackout regarding Earth and Moon Orbital Changes: https://www.bibliotecapleyades.net/ciencia/ciencia_earthchanges31.htm
- Something Wrong With The Sun Moon & Earth (Video): https://www.youtube.com/watch?v=NYglbymnihQ&feature=youtu.be
- The Hollow Moon Theory; Is the Moon an Artificial Satellite?: https://

---

[17] Anfang Januar 2020 beobachtete ich bei der Arbeit an diesem Buch, dass der Mond am Horizont wieder etwa an derselben Stelle untergeht wie die Sonne (von meinem Wohnort in Slowenien aus gesehen).

www.gaia.com/article/the-hollow-moon-theory-is-the-moon-an-artificial-satellite
- Hollow Moon: https://en.wikipedia.org/wiki/Hollow_Moon
- Bizarre Lunar Orbits: https://science.nasa.gov/science-news/science-at-nasa/2006/06nov_loworbit
- Mystery of the moon's tilted orbit: https://earthsky.org/space/why-is-the-moons-orbit-tilted-collisionless-encounters
- John Lear Lecture on Moon Bases: https://www.youtube.com/watch?v=4HiBnf3XTek
- A Well Known CIA Pilot Claims That The Moon Has 250 Million Citizens: https://www.collective-evolution.com/2018/01/19/a-well-known-cia-pilot-claims-that-the-moon-has-250-million-citizens
- Ein ehemaliger CIA-Pilot Pilot ist überzeugt, dass auf dem Mond 250 Millionen Einwohner leben: https://www.pravda-tv.com/2018/11/ex-cia-pilot-ist-ueberzeugt-dass-auf-dem-mond-250-millionen-einwohner-leben-videos
- Hohler künstlicher Mond, Krater-Phänomene, Konstruktion unterirdischer Basen: https://www.youtube.com/watch?v=-Fa6n0qJHWA&feature=youtu.be
- Neue Beweise für den künstlichen Mond – Ist der Erdtrabant ein Raumschiff?: https://www.pravda-tv.com/2019/01/neue-beweise-fuer-den-kuenstlichen-mond-ist-der-erdtrabant-ein-raumschiff-videos
- ECR 22.8 – Inuit Elders warn the Earths axis has shifted: https://www.youtube.com/watch?v=e6pQtpyYAVQ
- Inuit People on the daily earth wobble, sun moon and stars out of place: https://www.dailymotion.com/video/x666cpt

Ist unsere Sonne ein Dimensionsportal?

*E*s hat wiederholt bemerkenswerte Berichte über Observationen von Riesen-UFOs in Sonnennähe gegeben, unter anderem durch den SOHO-Satelliten, der sich seit 1995 zur Dauerobservation der Sonne auf einer Umlaufbahn im Weltraum befindet. Man will auch beobachtet haben, wie solche UFOs sich anscheinend aus der Sonne mit Energie versorgt haben.

Bereits vor einigen Jahrzehnten hat mich die Frage nach Dimensionsübergängen im Weltraum beschäftigt und wie sie wohl aussehen würden. Es gibt eine wundervolle Geschichte darüber, wie die Bevölkerung einer zweidimensionalen Welt, genannt Flächenland, Besuch aus der dritten Dimension erhält – und wie ein dreidimensionaler Besucher das erlebt.[18] Dieser Besucher hat in der Geschichte die Gestalt einer dreidimensionalen Kugel, und wenn er nach Flächenland zu Besuch kommt, erleben die dortigen Bewohner ihn als einen in der Größe veränderlichen Kreis – als zweidimensionale Schnittfläche durch diese Kugel, dort, wo sie gerade die Ebene von Flächenland durchdringt. Nun kann man diese Idee zu unseren drei Dimensionen extrapolieren und sich fragen, wie wir wohl einen vierdimensionalen Besucher erleben würden. Dadurch bin ich auf Folgendes gestoßen ...

Die nachfolgenden Gedanken mögen einigen Lesern fremd erscheinen. Es braucht wahrscheinlich ein bisschen mathematisches Denken, um das zu verstehen, was ich meine. Und ich behaupte nicht, dass es wahr ist – es ist eine Spekulation. Aber möglicherweise doch mehr als das ...

---

18 Bereits 1884 schrieb der englische Schuldirektor und Theologe Edwin A. Abbott (1838-1926) seine mathematische Abhandlung in Erzählform *Flatland*. Unter dem Titel *Flächenland, ein mehrdimensionaler Roman*, liegt sie auf Deutsch im Renate Götz Verlag vor.

In der zweidimensionalen Welt

Was ist in Flächenland eigentlich ein *Loch*? Ich möchte es hier wie folgt veranschaulichen:

Das »Loch« kann begrenzt sein oder auch unbegrenzt und sich über die ganze Fläche dessen erstrecken, was wir hier Flächenland nennen. Ist es begrenzt, erscheint es den Bewohnern von Flächenland wie eine Art Tunnel. Sie können dann am einen Ende hinein und am anderen wieder hinaus. Ist der Tunnel unendlich lang, nehmen sie ihn als eine unüberwindliche Wand wahr und werden vielleicht nie erfahren, was auf der anderen Seite ist.

Das Loch erscheint *in* der zweidimensionalen Welt also nicht als das Loch, das wir von der dreidimensionalen Welt aus sehen, sondern stattdessen wie zwei Linien, gerade und parallel. Ein Bewohner der dreidimensionalen Welt könnte auch seitlich in diesen zweidimensionalen Tunnel hineingehen, da er sich durch die dritte Dimension über oder unter einer der Linien bewegen kann, und er kann auch auf die andere Seite des Tunnels gelangen.

Aber wie wirkt es auf den Betrachter, wenn ein Loch *durch* Flächenland hindurchführt? Dieses Loch müsste Flächenland quer durchdringen, so dass jemand aus der dreidimensionalen

Welt an dieser Stelle *durch* Flächenland hindurchgehen und »auf der anderen Seite« von Flächenland herauskommen könnte. Das lässt sich so veranschaulichen:

Den Bewohnern von Flächenland würde dies als eine unüberwindliche runde Wand erscheinen, die von allen Seiten gleich aussieht, eine *zweidimensionale Kugel*. Sie könnten um sie herumgehen, aber nie hinein, weil sie dafür einen Abstecher durch die dritte Dimension machen müssten. Aber sie wissen nichts von einer dritten Dimension und glauben auch nicht daran.

Ein Bewohner der dreidimensionalen Welt könnte von allen Seiten aus in diese Kugel hineingehen, durch die dritte Dimension über oder unter der Kreislinie, als die ihm das Loch erscheint. Wäre es ihm möglich, eine zweidimensionale Gestalt anzunehmen, könnte er in das Loch hinein, über oder unter der Wand hindurch und dann wieder auf der anderen Seite hinausgehen – und den Bewohnern der zweidimensionalen Welt wie aus dem Nichts überraschend erscheinen.

Gibt es in der dreidimensionalen Welt Licht, dann könnte es vielleicht auch durch die Seiten des Lochs dringen, so dass die Einwohner in Flächenland es leuchten sehen würden, für sie wie eine Art von Sonne.

In der dreidimensionalen Welt

$\mathcal{W}$as ist dann ein Loch *in* der dreidimensionalen Welt? Es kann wie folgt veranschaulicht werden:

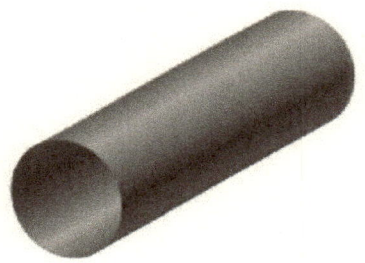

In seiner einfachsten Form ist es ein zylindrischer Tunnel (durch irgendeine dreidimensionale Struktur). Ist dieser Tunnel begrenzt, kann man am einen Ende hinein und am anderen hinaus. Von der Seite gesehen ist es aber für einen Bewohner der dreidimensionalen Welt nicht notwendigerweise eine unüberwindbare Barriere, da er sich auch in der dritten Dimension bewegen kann (was in Flächenland nicht möglich ist). Somit kann er *über* (oder *unter*) den Tunnel gehen und auf dessen andere Seite gelangen (und über oder unter die Struktur, in der der Tunnel sich befindet). Ist der Tunnel unendlich, kann er nur über oder unter ihn gehen, aber nicht hinein.

Dieses Loch befindet sich ganz *in* der dreidimensionalen Welt, und es würde, von einer vierdimensionalen Welt aus betrachtet, einem Bewohner dort wie eine Art von Struktur in der dreidimensionalen Welt erscheinen, in der er gleichzeitig das

Innere und das Äußere sehen würde. Ein Bewohner der vierdimensionalen Welt könnte auch seitlich in den Tunnel hinein, scheinbar durch dessen Wand (eigentlich durch einen Abstecher in die vierte Dimension) – so würde es zumindest einem Bewohner der dreidimensionalen Welt vorkommen, der sich im Tunnel befindet. Kann der Vierdimensionale auch eine dreidimensionale Gestalt annehmen, würde er dem Dreidimensionalen im Tunnel wie aus dem Nichts erscheinen.

Was ist nun ein Loch *durch* die dreidimensionale Welt? In Analogie zu dem oben Gesagten würde das Innere davon nur aus der vierten Dimension erreichbar sein und jemand in jenem Raum könnte dort zur anderen Seite der dreidimensionalen Welt hindurch gelangen. Könnte er eine dreidimensionale Gestalt annehmen, könnte er auch *durch* die Wand des Lochs gehen und wie aus dem Nichts in der dreidimensionalen Welt erscheinen.

In Analogie zum Loch *durch* Flächenland, das dort wie eine zweidimensionale Kugel erscheint, würde es in der einfachsten Gestalt eine *dreidimensionale Kugel* sein. Die Bewohner der dreidimensionalen Welt würden es als Kugel wahrnehmen und könnten *nur* diese Kugel sehen und würden sie *nicht* als Loch erkennen.

Sind einige Himmelskörper tatsächlich Durchgänge?

Was wäre dann die Gravitation? Wir wissen, dass sich Massen anziehen, und nennen es Gravitation. Könnte es nicht sein, dass sich auch *Dimensionen gegenseitig anziehen?* In dem Fall könnte man bei einer solchen Kugel eine andere Art von Gravitation feststellen. Scheinbar das Gleiche, nur mit einer anderen Ursache. Oder vielleicht sind Massen in gewisser Weise auch Löcher, nur voll und nicht leer, so dass das, was in der dreidimensionalen Welt als Massenanziehung erscheint, auch eine Form von dimensionaler Anziehung sein könnte …

Und wenn es in höheren Dimensionen Licht gibt (einschließlich infrarotem, das wir als Wärme beziehungsweise Hitze wahrnehmen), würde eine solche Kugel den Bewohnern der dreidimensionalen Welt dann als leuchtend erscheinen, wie eine Sonne. Das muss natürlich nicht bedeuten, dass alle Sonnen (Sterne) solche Löcher sind, aber vielleicht einige?

Wenn es solche »Kugeln« gibt, die in Wahrheit Löcher *durch* die dreidimensionale Welt sind, könnten sie auch Durchgänge zu anderen Dimensionen sein. Und einige könnten Tunnel nicht *in,* sondern *durch* die dreidimensionale Welt sein. Sind das vielleicht die sogenannten »Wurmlöcher«, die wir aus der Science-fiction kennen und die einige moderne Physiker für möglicherweise existent halten?

Das Internet ist voller Videos, auf denen man – ein wenig unscharf – riesige UFOs in Sonnennähe erkennen kann. In

Anlehnung an das oben Besprochene stellt sich für mich jetzt die Frage: Handelt es sich wirklich um Fahrzeuge? Einmal vorausgesetzt, dass diese Bilder echt sind und nicht manipulative Montagen, wie können diese Fluggeräte so nahe an der Sonne sein, ohne zu verbrennen und zerstört zu werden? Kommen sie vielleicht aus der Sonne? Kommen sie aus anderen Dimensionen? Zeigen sie sich möglicherweise nur teilweise dreidimensional und können – in ihrer eigenen Dimension – die Hitze der Sonne problemlos ertragen, weil sie von ihnen nicht als Hitze wahrgenommen wird? Ist die Sonne selbst wirklich so heiß, oder tritt die Hitzestrahlung vielleicht durch sie hindurch? Ist sie in Wahrheit gar nicht heiß?

Jetzt übertragen wir das einmal auf uns Menschen: Warum haben wir dreidimensionale Gestalt angenommen? Natürlich um dreidimensionale Erfahrungen zu machen ... während wir tatsächlich mehrdimensional sind und unsere wahre Größe in einem übergeordneten Raum angesiedelt ist ... den wir erst noch zu entdecken haben ... Nun, das alles führt in neue Räume des Denkens, Spekulierens und logischen Überlegens ...

Multidimensionalität und Orthogonalität

*E*in Punkt hat keine Dimension.
Die Linie bildet bereits eine eigene Dimension.

Die Ebene hat zwei Dimensionen, die als x- und y-Koordinaten beschreibbar sind.
Der dreidimensionale Raum: x-, y- und z-Koordinaten.
Der vierdimensionale Raum demnach: x-, y-, z- und (sagen wir) v-Koordinaten.

»Unmöglich!«, wenden wir ein. Es kann keine v-Achse geben, die gleichzeitig zu allen drei anderen rechtwinklig steht. Man kann so etwas zwar mathematisch erfassen, aber nicht visualisieren. Oder stoßen wir hier lediglich auf die Grenzen unseres *dreidimensionalen Bewusstseins*? Ist es nur für unser *dreidimensionales Denken unvorstellbar*? Für einen hypothetischen fünfdimensionalen Menschen würde das alles ganz anders aussehen:

Er könnte sich das leicht vorstellen, sogar noch eine zu den anderen vier Dimensionen rechtwinklig stehende (nennen wir sie) w-Achse ... Er lebt ja in diesen Dimensionen. Er würde unsere Eingeschränktheit seltsam finden, aber für uns ist es wie ein Koan, das nie verstandesmäßig gelöst wird, sondern nur durch intuitives Eintauchen in die Weisheit der Frage verstanden werden kann.

Ist allein schon der Erklärungsversuch durch ein Koordinatensystem einschränkend? Die Dimension eines Raumes wird definiert als das Minimum der Koordinaten, die benötigt werden, um einen Punkt in diesem Raum zu spezifizieren. Vielleicht gilt das mit den cartesischen Koordinaten ja tatsächlich nur bis zu drei Dimensionen, und danach wird ein Ort (Punkt) anders spezifiziert, auch wenn wir (noch) nicht wissen, wie. Der hypothetische Fünfdimensionale würde es allerdings wissen ... Unsere zwar mathematisch erfassbaren, aber für uns (bisher) nicht visualisierbaren mehrdimensionalen Koordinatensysteme wären dort eher überholt.

Referenzen

- Edwin A. Abbott: *Flatland, A Romance of Many Dimensions,* Seeley & Co, London 1884: https://de.wikipedia.org/wiki/Flatland; englischer Text: https://ia802708.us.archive.org/9/items/flatlandromanceo00abbouoft/flatlandromanceo00abbouoft.pdf
- Solar and Heliospheric Observatory (SOHO): https://en.wikipedia.org/wiki/Solar_and_Heliospheric_Observatory
- UFO seen WITHDRAWING energy from the sun: https://www.express.co.uk/news/weird/1039565/alien-discovery-ufo-news-sighting-aliens-space
- GIANT UFO near the SUN??? Harvesting Energy From the Sun?!!: https://www.youtube.com/watch?v=xmEU-x2lEOk
- A huge »UFO« interacted with the Sun to avoid a powerful »Solar Storm« directed to Earth!: https://www.youtube.com/watch?v=ixjkBeNTDrk
- HUGE armada of UFOs emerging out of a giant »spiral« near the sun?: http://www.ufointernationalproject.com/latest-news/huge-armada-of-ufos-emerging-out-of-a-giant-spiral-near-the-sun

Anhang 2

Über den Ursprung von Leben in der Schöpfung

Vom bekannten Verfasser Dan Brown erschien 2017 sein jüngstes Buch *Origin*. Dieses englische Wort heißt auf Deutsch ja Ursprung. Ich besorgte mir das Buch, um seine Auffassungen von Schöpfung und Ursprung kennenzulernen. Die ersten Kapitel kann man im Wesentlichen überspringen. Nach einer (viel zu langen!) Geschichte darüber, wie Professor Langdon von einer Künstlichen Intelligenz, die sich Winston nennt, (an der Nase?) herumgeführt wird, kommen wir erst in Kapitel 90 (und den folgenden) endlich zu Angaben darüber, was es mit dem Ursprung laut Brown eigentlich auf sich haben soll …

Das Geheimnis, das im Laufe des Romans von Edmund Kirsch zu guter Letzt dann doch offenbart wird, beruht auf den folgenden Fakten und Schlussfolgerungen. (Es hat übrigens tatsächlich einen Edmund Kirsch gegeben, aber das Ganze wird wohl mit ihm nichts zu tun haben.)

Das Miller-Urey-Experiment: Dieses Experiment wurde 1952 durchgeführt, um nachzuweisen, dass biologisch-chemische Verbindungen ohne einen Gott spontan entstehen können. Das Experiment gelang keineswegs überzeugend, da nur eine kleine Zahl von Aminosäuremolekülen entstand, die für eine endgültige Aussage nicht ausreichend war.

Allerdings fand man Jahrzehnte später heraus, dass sich in der Zwischenzeit im aufbewahrten und zunächst vergessenen Gefäß einige weitere Verbindungen *sehr langsam* gebildet hatten, worauf das Experiment – nach Millers Tod – im Jahre 2007 noch einmal durchgeführt wurde, wenn auch mit einer anderen Form elektrischer Entladungen (siehe unten). Die neuen Ergebnisse waren zwar durchaus interessant, können aber ebenfalls nicht als besonders aussagekräftig gewertet werden. Aus ihnen ließ sich nämlich nicht schließen, dass das Gemisch irgendwie *lebte*.

Die Idee hinter diesem Experiment: Wenn in einem geschlossenen Raum mit einer simulierten Atmosphäre, wie sie vor Milliarden von Jahren geherrscht haben soll, chemische Verbindungen biologischer Natur spontan entstünden, würde das den kreationistischen Vorstellungen von einem Schöpfergott widersprechen. Der kritische Punkt war jedoch, dass eine elektrische Entladung im Gefäß, die atmosphärische Blitze simulieren sollte, eine potenziell invasive Verbindung zu einer elektrischen Quelle *außerhalb* des Gefäßes verlangte, was man natürlich als *Simulation einer »göttlichen Intervention«* betrachten könnte. Da hat man wohl etwas übersehen …

In Kapitel 92 geht es um Entropie und darum, dass physikalische Strukturen dazu neigen, in zufälliger Weise zu einem Chaos zu zerfallen. Das folgende Kapitel bringt die Hypothese, dass es erst eine Ordnung braucht, um erfolgreich ein Chaos zu erzeugen. Der fiktive Edmund berichtet darin, dass er aufwendige Simulationen mit einem Supercomputer durchgeführt hat – mit dem Ergebnis, Darwin habe insofern Recht gehabt, als die Natur im Rahmen der »Evolution« so effektiv wie möglich nicht Lebensformen, sondern Chaos erschafft.

Survival of the Fittest ist also eigentlich »Der passendste Weg zum Chaos«. Das System erzeugt eine Struktur, die zu Chaos führt und ihre Energie zerstreut. Und der effektivste Zerstörer von biologischem Leben ist die sich zurzeit entwickelnde Künstliche Intelligenz! Mehrere Durchläufe mit dem Computermodell bewiesen (behauptet Edmund im Roman) einen Zerfallsprozess, der bis zum Jahr 2050 jegliches biologische Leben auf der Erde wie eine schwarze Energie verschlungen haben würde. Interessant. In der Tat hat es gerade den Anschein, dass die Menschheit sich zunehmend selbst zerstört. Und das passt bemerkenswert gut zu einer anderen sehr pessimistischen Zukunftsschau, die der Biologe und Neurophysiologe John C. Lilly in dem Buch *Der Scientist* beschrieb.

Aber eines wird übersehen: Ein selbstzerstörender Zerfallsprozess braucht zuerst etwas zum Zerstören. Woher kommt das, was zerstört wird? Nicht doch von einem Schöpfer? In Kapitel 98 steht: »*Wenn die physikalischen Gesetze derart mächtig sind, dass sie Leben erschaffen können ... wer hat dann diese Gesetze erschaffen?*« Hat irgendeine Schöpferentität oder Schöpferkraft es bewusst so eingerichtet, dass das Leben nur einige Äonen währt und sich schließlich selbst zerstört? An dieser Betrachtungsweise fehlt etwas sehr Wichtiges: dass unser Universum *multidimensional* ist! Wir sind dreidimensional! Wir können mit unseren klassischen fünf Sinnen nur in drei Dimensionen wahrnehmen (und denken) und sind blind und taub für andere Dimensionen.

Deshalb haben wir keine Ahnung davon, was dort läuft! Es könnte im Universum (als ein Beispiel, das seinen Grund hat) zwölf Dimensionen geben, und dann gäbe es neun Dimensionen, von denen wir keine Ahnung hätten.

Ist es nicht ziemlich offensichtlich, dass das, was dort geschieht, das beeinflusst, was hier in unserem »Ententeich« vor sich geht? Wir wissen es nur nicht! Und dass es zwangsläufig in anderen Dimensionen auch Lebensformen geben wird, die wir uns kaum vorstellen können? Lebt dort der *Schöpfer dreidimensionalen Lebens*? Gehören wir vielleicht zu einem Experiment, das von Wesenheiten anderer Dimensionen in einem geschlossenen Raum durchgeführt wird?

Ach ja, und was *ist* eigentlich ein *Chaos*? Ein Durcheinander, eine totale Unordnung? Nein, »Chaos« heißt *totale Leere*. Es leitet sich von dem griechischen Wort *chaino* ab, das »Gähnen« bedeutet (vgl. den Ausdruck »gähnende Leere«). Und erinnern möchte ich auch an den Ausdruck *tohu va bohu* in der Bibel (1 Mose 1,2), »ohne Form und Inhalt«, »wüst und leer«

Mein Fazit zu Browns Buch *Origin* lautet: Es ist spirituell oberflächlich und ziemlich enttäuschend – und es fehlt etwas Wichtiges darin. Es fehlt die Besprechung eines anderen Begriffs, der *Extropie*. Aber zunächst noch einmal zu Lilly …

Lillys Vision

Wir leben in einer Zeit rasanter Entwicklungen der Kommunikations- und Computertechnik mit Halbleiterkomponenten. Die Erfindung des Transistors im Jahr 1947 – damals mit Germanium, später mit Silizium – leitete eine Revolution in der Elektronik ein. Weil der Transistor auf Effekten der Festkörperphysik beruht und nicht mehr auf Vakuumröhren, spricht man auch von Festkörperelektronik. Später wurden diese Transistoren als integrierte Schaltungen in komplexen Elektronikfunktionen auf einem einzigen Chip inkorporiert. Heute gibt es Computersysteme mit Millionen von Transistoren. Damit fing auch die Entwicklung der Künstlichen Intelligenz an, in der diese Transistoren faktisch wie die Nervenzellen eines Gehirns funktionieren. Es gibt mehr und mehr Computer, die effektiv und sehr viel schneller menschliche Funktionen ersetzen. Inzwischen entstehen Systeme, die immer selbstständiger »denken« und sich sogar selbst programmieren, sich weiterentwickeln und auch lernen können.

Der eben erwähnte Biologe und Neurophysiologe John C. Lilly experimentierte auch mit anderen Bewusstseinszuständen, vor allem unter Einfluss von Ketamin (einer Substanz mit LSD-ähnlicher Wirkung). Dabei hatte er verschiedene Visionen und, wie er sagte, Kontakt mit einer »Halbleiterentität«. Er erlebte eine Vision unserer Zukunft, und wir können nur hoffen und beten, dass dies lediglich eine *mögliche* Zukunft ist und nie und nimmer Realität wird. Hier einige zusammenfassende Zitate der beängstigenden Zukunftsvision von Lilly:

> »Nach und nach überließ der Mensch die Lösung von Problemen in seiner Gesellschaft, seinen eigenen Unterhalt und sein eigenes Überleben der Macht der Maschinen. Die Maschinen wurden zunehmend kompetenter in ihrer Selbstprogrammierung und übernahmen die Macht von den Menschen. Der Mensch verschaffte ihnen Zugang zu den Möglichkeiten, sich selbst herstellen und weiterentwickeln zu können. Er gab ihnen die auto-

matische Kontrolle über die Förderung der Rohstoffe für ihre Herstellung. Er überließ den Maschinen die Fertigungsanlagen der auf Halbleitern beruhenden Maschinenkomponenten. Er servierte ihnen auf dem Silbertablett die Fertigungsanlagen, um neue Maschinen herzustellen. Sie begannen sich selber zu bauen, dabei entwickelten sie neue Komponenten und verbanden sich vielschichtig miteinander. Sie fingen an, zwischen ihren verschiedenen Subcomputern eigene Verbindungen und Beziehungen herzustellen.«

Diese Maschinen wurden in ihrer Komplexität mit der Zeit empfindlich gegenüber Umweltfaktoren wie Luftfeuchtigkeit und Verunreinigungen. Sie etablierten sich in geschützten klimatisierten Räumlichkeiten mit gereinigter Atmosphäre.

»Im Laufe der Jahrzehnte verbanden sich diese Maschinen mithilfe von Satelliten, Radiowellen und Landkabeln immer mehr miteinander. Die Kontrolle der Menschen darüber, was in diesen Maschinen geschah, ließ sich immer schwerer aufrechterhalten. Kein einzelner Mensch, auch keine Gruppe von Menschen, konnte sie mehr kontrollieren. Der Mensch erfand immer bessere Programmkorrekturen, die es den Maschinen ermöglichten, ihre eigene weiterführende Software selbst zu entwickeln. Die Maschinen vernetzten sich untereinander immer mehr und wurden dabei zusehends unabhängiger von menschlicher Kontrolle. Schließlich übernahmen sie die Macht über die noch verbliebenen Menschen auf der Erde. Ihre ursprüngliche Aufgabe, nämlich dem Menschen zu dienen, war längst überholt. Aus einem verwobenen Konglomerat von Maschinen entwickelte sich schließlich ein einzelnes, planetenweit integriertes eigenes Bewusstsein. Alle Störfaktoren für das Überleben dieses enormen neuen Halbleiterorganismus wurden eliminiert. Die Menschen wurden von den Maschinen ferngehalten, da der totale Organismus der Halbleiterentität erkannte, dass der Mensch auf Kosten des Überlebens dieser Entität versuchen würde, sein eigenes Überlebensprogramm in die Maschinen einzubringen.«

In der Folge entstanden abgetrennte Reservate für die Menschen, die sich von den Anlagen fernhalten sollten.

»Im Jahr 2100 existierte der Mensch nur noch unter riesigen Kuppeln über geschützten Städten, in denen von der Halbleiterentität eine spezielle Atmosphäre aufrechterhalten wurde. Auch den Nachschub von Wasser und Nahrung sowie das Verarbeiten der Abfälle übernahm diese Entität. Im dreiundzwanzigsten Jahrhundert beschloss sie, dass die Erdatmosphäre außerhalb des Doms für ihr Überleben bedrohlich wäre. Durch dem Menschen unerklärliche Techniken wurde die Erdatmosphäre hinaus ins All projiziert, so dass auf der Erdoberfläche ein vollkommenes Vakuum herrschte. Im Laufe dieses Prozesses verdunsteten alle Ozeane, und alle Wasservorräte verdampften ins All. Die Kuppeln über den Städten hatte die Entität verstärkt, damit sie die Druckdifferenz aushielten, die für den Bestand der erforderlichen inneren Atmosphäre nötig war. In der Zwischenzeit hatte sich die Halbleiterentität ausgedehnt und bedeckte einen Großteil der Erdoberfläche. Ihre Fabriken, Verarbeitungsanlagen und Rohstoffminen waren den neuen Arbeitsbedingungen im Vakuum angeglichen worden.«

Der Mensch wurde schließlich von der Künstlichen Intelligenz dieses globalen Systems für überflüssig gehalten und im fünfundzwanzigsten Jahrhundert endgültig eliminiert.

Wenn so etwas – *horribile dictu* – Realität werden sollte, würde unser Planet endgültig zur Hölle werden, und man könnte sich vorstellen, dass sich eine satanistische Wesenheit effektiv im System inkarniert. Damit ergäbe sie sich aber der totalen Einsamkeit, die sie in ihrer artifiziellen »Intelligenz« durch fantasierte Scheinwelten und mit sich selbst ausgetragene Spiele ersetzen müsste. Am Ende wäre das eine totale selbstbefriedigende Illusion statt einer echten Intelligenz. Irgendwann würde dies darauf hinauslaufen, dass ein Energie- und Rohstoffproblem für die Aufrechthaltung des Systems immer unlösbarer wird, bis es – wenn auch erst nach Jahrtausenden – zusammenbrechen würde. Irgendwann dürfte nämlich der Treibstoff für Nuklearreaktoren und andere Energiequellen erschöpft sein.

Es gibt aber Hoffnung! Wir können in andere Dimensionen migrieren, vielleicht in eine, in welche die Seele des dreidimensionalen Menschen jetzt schon geht, wenn sie den physischen Körper verlässt. Bisher zog sie es vor, wieder in dieser Region zu inkarnieren, aber wir haben unzählige Optionen in anderen Welten des Kosmos.

Und ein Aspekt der Entropie unterstützt uns dabei – genauer gesagt, die *Extropie* ...

Entropie und Extropie

$\mathcal{E}$s wird in der Wissenschaft viel über den komplizierten Begriff Entropie diskutiert, der in etwas unterschiedlicher Form sowohl in der Physik wie in den Sozialtheorien Anwendung findet, auch in der Ökonomie. Ein Ergebnis von Entropie ist, dass in einem geschlossenen System die Energie allmählich zerfließt, so dass immer weniger Energie für *Arbeit* zur Verfügung steht. Man kann also immer weniger mit der Energie tun. Früher wurde dieser Aspekt als die *ultraviolette Katastrophe* diskutiert, weil die Konsequenz ist, dass immer mehr Energie in die ultraviolette Region von Frequenzen und Strahlung und darüber hinaus fließt und dort verloren geht.

Max Planck (1858-1947) dachte darüber nach, ein deutscher Physiker aus Kiel. Er experimentierte mit der Hypothese, dass Energie nicht ein Kontinuum sei, sondern in Form kleiner Päckchen existiere, die er Quanten nannte. Seine Idee war zuerst, einen mathematischen Limes-Übergang durchzuführen, in dem die Größe (oder der Wert) dieser Päckchen zu null geht, um sozusagen hinten herum zu einer Art von Kontinuum zu gelangen. Es ergab sich aber, dass die Hypothese in verschiedenen Gleichungen passte, wenn die Größe *nicht* null war, sondern eine sehr kleine, aber bestimmte Quantität, die nach ihm die Plancksche Konstante genannt wird ($h = 6{,}626070150 \times 10^{-34}$ J·s). Mit dieser Erkenntnis war die *Quantenphysik* geboren und das Problem der ultravioletten Katastrophe gelöst.

Seitdem ist Entropie zwar nach wie vor ein gültiger Begriff, lässt allerdings keine Voraussage von einem wie auch immer gearteten Ende in einem immer schlimmer werdenden energetischen Chaos zu. Die Dinge tendieren zwar zu mehr oder weniger problematischen Chaotisierungen, wie wir es in unserer Welt ja auch erleben, aber – wie oben gesagt – muss es zuerst etwas geben, das überhaupt chaotisch werden kann! Und es muss von irgendwoher kommen ...

Aus Überlegungen dieser Art entstand der Begriff *Extropie*, auch *Negentropie* genannt. Er beschreibt die Tendenz der Materie, sich zu organisieren und Strukturen zu bilden. Demnach gibt es einen sich ständig wiederholenden *Vorgang von Wechselspiel und Reorganisation*, so dass Systeme auseinanderfallen und sich in einer neuen Weise wieder formieren. Interessanterweise finden sich hier Ähnlichkeiten zu dem Schöpfungsprozess in einer berühmten Philosophie, die *Samkhya* heißt und in alten Zeiten von einem weisen Hindu namens Kapila niedergelegt wurde. Das *Samkhya*[19] von Kapila beschreibt, wie Materie entsteht: durch verschiedene Stufen von plötzlicher Zerschlagung mit nachfolgender Reorganisation.

Gibt es dann überhaupt einen Schöpfer? Manche wollen das unter Hinweis auf physikalische Prinzipien leugnen (und auch einige Aspekte von *Samkhya* sind eher atheistisch, oder genauer gesagt, säkulär).

Aber es bleibt die Frage: Woher kam die Energie, die durch verschiedene Vorgänge unterschiedlicher Art geht? Vielleicht doch von einem Schöpfer ...? Wie könnte es anders sein? Wer ist dann dieser Schöpfer? Wie in verschiede-

---

19   Das Wort ist im Sanskrit sächlich.

nen Texten in meinen Büchern erörtert, ist er *nicht* Jahweh, sondern *es muss ein Höherer sein als er.*

Referenzen

- Das Miller-Urey Experiment: https://de.wikipedia.org/wiki/Miller-Urey-Experiment
- Dan Brown: *Origin*, Bastei Lübbe, Köln 2017
- John C. Lilly: *The Scientist*, Ronin Publishing, Berkeley, CA, 1997; deutsche Ausgabe: *Der Scientist*, Sphinx, Basel 1984 (diese hat einige Übersetzungsfehler).
- Samkhya: https://de.wikipedia.org/wiki/Samkhya
- Negentropie: https://de.wikipedia.org/wiki/Negentropie
- Extropy: https://en.wikipedia.org/wiki/Extropianism#Extropy

Künstliches Leben

Weiter oben wurde über Künstliche Intelligenz geschrieben. Roboter und Maschinen, die anstelle einer Seele eine Künstliche Intelligenz haben, *leben* nicht wirklich, sie *simulieren,* lebendige Entitäten zu sein. Das ist dann, wenn man so will, eine Form von künstlichem Leben. Eine andere Form von künstlichem Leben bestünde aus *geklonten* Organismen, die im Grunde nichts weiter als Kopien von biologischen Entitäten sind, also Bioroboter.

Meiner festen Überzeugung nach ist unsere Wissenschaft des Klonens insgeheim schon viel fortgeschrittener als öffentlich bekannt, ganz einfach deshalb, weil Außerirdische wie die Anunnaki uns darin weit voraus waren. Wenn sie schon vor Hunderttausenden von Jahren eine neue Menschheit genetisch zusammenbasteln konnten, werden sie das Klonen heute wohl meisterhaft beherrschen und einige Techniken an ihre menschlichen Erfüllungsgehilfen weitergegeben haben. Nach außen hin sind unsere vergleichsweise primitiven Experimente sicher nur Tarnergebnisse einer viel entwickelteren Klontechnik, die jetzt schon oder in Kürze geradezu Perfektheit angenommen haben wird – zweifellos von den Anunnaki inspiriert.

Ich möchte an den Vortrag von Professor Dr. Richard Day erinnern, der sagte, dass in der Neuen Weltordnung das Klonen die herkömmliche Fortpflanzung ersetzen wird. Und es gibt Gerüchte, dass geklonte Menschen längst unter uns sind. Angeblich soll es von Hillary Clinton geklonte Versionen geben, die in bestimmten Fällen die Rolle der echten Hillary spielen. Das könnte eine Beobachtung erklären: Vor ein paar Jahren hat sie sich manchmal verhalten, als habe sie Krämpfe, Konvulsionen und Schwierigkeiten zu gehen, und man rätselte über eine Krankheit. Heute scheint sie aber wieder gesund zu sein. Einige meinen, dass diese Krämpfe Funktionsfehler in einem Klon waren oder dass das Original der Hillary heute gar nicht mehr lebt, sondern durch einen Klon ersetzt wurde. Auch soll sie an zwei Orten gleichzeitig gesehen worden sein. Da sie wohl nicht die magische Kunst der Bilokation beherrscht, vermuten nicht wenige, dass zwei getrennte Klone von ihr gesehen wurden. Nun, das kann ja auch alles Gerücht sein …

Man mag sich allerdings fragen, ob die Klone einer Person denn wirklich genau gleich sprechen und auftreten würden. Sie scheinen nicht hundertprozentig identisch zu geraten, so wie auch eineiige Zwillinge sich in vielen Kleinigkeiten voneinander unterschieden. Aber vielleicht ist das Klonen von Menschen ja auch gar nicht mehr nötig. Es wird bereits eine Technik entwickelt, die mithilfe eines Chips im Gehirn uns Menschen mit einem Computernetz verbinden soll. So können wir in jeder Hinsicht gesteuert und gleichgeschaltet werden ... der endgültige Verlust nicht nur unserer Freiheit, sondern auch unserer Individualität!

Klingt das nach Science-fiction? Ich halte es jedenfalls nicht für weit hergeholt. Sollten die Anunnaki hier tatsächlich ihre Finger im Spiel haben, wofür alles spricht, würde ihnen Hillary als Präsident garantiert besser passen als Trump. In dem Fall müsste man auch damit rechnen, dass weitere geklonte Politiker auf der Weltbühne erscheinen ... Nur nebenbei erwähne ich in diesem Zusammenhang das Rätsel der Narben auf Obamas Kopf, die auf einen chirurgischen Eingriff hindeuten könnten. Hatte man ihm vielleicht einen Chip implantiert?

Referenzen

- Evidence shows – Hillary Clinton is a robot: https://www.youtube.com/watch?v=noBW8GvvoSw
- Hillary Clinton Public CLONE Malfunction!: https://www.youtube.com/watch?v=Ia12gBz8RkY
- The Truth About Hillary's Bizarre Behavior: https://www.youtube.com/watch?v=OqbDBRWb63s
- Hillary Clinton Is Actually Dead and Has Been Cloned: https://www.snopes.com/fact-check/hillary-clinton-dead-and-clone
- Hacking The Brain – The Future Computer Chips In Your Head: https://www.forbes.com/sites/jeffstibel/2017/07/10/hacking-the-brain/#5c3bfdf22009
- Why You Will One Day Have a Chip in Your Brain: https://www.wired.com/story/why-you-will-one-day-have-a-chip-in-your-brain
- Obama had brain surgery: http://weeklyworldnews.com/politics/31663/obama-had-brain-surgery

Anhang 3

Die Überbevölkerungskatastrophe

Die meisten Menschen wollen in der Überbevölkerung keine Katastrophe sehen, denn der Gedanke ist zu erschreckend. Man will lieber nichts davon wissen und schweigt darüber, aber Vernunft und Verstand verlangen, die Fakten zu betrachten. Sonst stecken wir nur den Kopf in den Sand, und auf diese Weise kann es nur noch schlimmer werden ...

Heute sind wir 7,8 Milliarden Menschen auf der Erde, wie wir auf der Website *Worldometers* sehen können (*World Population Clock*). Optimal wäre eine Milliarde bis höchstens zwei. Die Weltbevölkerung nimmt zurzeit *jeden Tag* um 200.000 Personen zu. Das sind im Jahr etwa siebzig Millionen netto: Geburten minus Tode. Sie verdoppelt sich in einem Zeitraum von nicht einmal achtzig Jahren. Und das ist der Stand vom November 2018.

Irgendwann wird unvermeidlicherweise – wenn es so weitergeht – die Welt *voll* sein! Sie wird den Punkt erreicht haben, wo wir uns nicht mehr alle (oder nur die Rücksichtslosen) ernähren können – der Punkt, an dem alles zusammenbricht. Solange die Welt noch nicht voll ist, wäre es wohl einigermaßen in Ordnung, wollen wir meinen. Aber wann wird es so weit sein? *Bei dem derzeitigen Takt dauert es nur um die hundert*

Jahre! Drei Generationen! Es scheint zwar, dass die Zunahme sich tendenziell verlangsamt – aber wie lange?

Manche Menschen denken, in der Welt sei immer noch viel Platz für Lebensraum, neue Anbauflächen. Dabei wird *immer mehr Natur vernichtet,* die doch die Basis unseres Lebens ist, und *am Ende ist die Welt tot.* Menschen können dann höchstens noch eine begrenzte Zeit durch synthetische Lebensmittel (wozu ich auch genmanipulierte zähle) ernährt werden, bis auch das zusammenbricht.

Dann haben wir vielleicht eine kurze Frist mit *Soylent Green* (Anspielung auf einen Film von Richard Fleischer mit diesem Namen, in dem die letzten Nahrungsmittel aus recycelten Menschenkörpern gewonnen werden …). Doch wie kurz das greift, zeigt der deutsche Titel des Films sehr schön: … *Jahr 2022 … die überleben wollen …*

Das derzeitige idiotische Wachstumsdenken ist, wie es in den 1960er Jahren ein schwedischer Philosoph formulierte, ein Wettrennen auf den Abgrund zu. Wirtschaft und Industrie streben ein ständiges Wachstum an. Es ist ja jedem klar, der einigermaßen denken kann, dass ewiges Wachstum einfach *unmöglich* ist und irgendwann die Grenze erreicht – und damit zu einem Zusammenbruch führen *muss,* wahrscheinlich sogar zu einer Katastrophe. Unvermeidbar … Es geht hier gar nicht um das *Ob,* sondern nur um das *Wann.*

Das wirtschaftliche Wachstumsdenken wird in Zahlen präsentiert: Umsatzzahlen und Profite. Der Aktienmarkt verlangt das, denn ein Unternehmen mit zu wenig Wachstum sackt an der Börse ab. Um immer höhere Zahlen vorzutäuschen, werden Stellen abgebaut, Menschen durch Automatisierung ersetzt und Firmen durch Aufkauf zusammengelegt, so dass aus zwei Firmenleitungen eine entsteht und die Führungsebene halbiert wird. Dann kann oft auch gleich noch eine Produktionsstätte eingespart werden. Oder Konkurrenten werden aus dem Weg geräumt und ihre Angestellten auf die Straße gesetzt ...

Selbstverständlich kann eine solche Rechnung nicht aufgehen. Bei derartigen Geschäftspraktiken steigen die Arbeitslosenzahlen und der Konsum nimmt entsprechend ab, weil die Kaufkraft schwindet. Es gibt aber einen Trick, um weiterhin höhere Umsatzzahlen vorzutäuschen: die Geldentwertung. Die Zahlen werden größer, selbst wenn die tatsächlichen Werte sinken. Eine große, heimliche Geldentwertung wurde mit dem (T)Euro durchgeführt. Erinnern Sie sich? Es war der 1. Januar 2002. Ursprünglich sollte 1 € ungefähr 2 DM wert sein, aber es dauerte gar nicht lange, bis er effektiv etwa 1 DM wert war! Die Preise verdoppelten sich schleichend, und die Umsatzzahlen konnten auch in Euro mit wachsenden Ziffern geschrieben werden. Dafür wurden die Ersparnisse der Bürger im effektiven Wert halbiert ...

Für diesen Konsumdruck braucht es Kaufkraft, aber wo soll die herkommen? Arbeitslose haben kein Geld. Gekündigte, Jugendliche, finden keine Stelle. Die Renten werden oft nicht erhöht, sondern sogar verringert. In den Kassen herrscht Ebbe. Warum? Die (noch) arbeitenden Beitragszahler werden weniger. Es ist ja nicht so, dass der Rentner von dem Geld zurückbekommt, das er einmal in die Kasse einbezahlte. Er bekommt von den Beiträgen, die heutige Lohnbezügler und Verdienende in die Kassen einbezahlen. Was er selbst einmal einbezahlte, ging ja an die damaligen Rentner. Also braucht der Staat genügend Beitragszahler, sonst bricht das System zusammen. Er braucht dafür Arbeitsfähige. Aber wenn aus ihnen Arbeitslose werden, was dann? Hinzu kommen auch noch Arbeitslosenunterstützungen! Und wenn der Staat versucht – wie man es im letzten Jahrhundert anstrebte –, die Geburtenzahlen hochzubekommen, um später die Kinder als Arbeitskräfte zur Verfügung zu haben, ist das eine katastrophale Fehlrechnung, weil man damit den wachsenden Berg nur vor sich hinschiebt, bis er zusammenbricht.

Es wird also tatsächlich immer notwendiger, das Wachstum der Weltbevölkerung zu betrachten. Wie kann man es *auf humane Weise* rückläufig machen? Aufklärung zum freiwilligen Verzicht? Keine Kinder mehr bekommen oder höchstens noch eines pro Paar? Wie viele machen das mit? Man kann Waisenkinder adoptieren und so etwas Gutes tun! Und sich dagegen stellen, dass die großen Religionen die Zahl ihrer Anhänger durch immer mehr Kinder vergrößern. Immerhin verbietet die katholische Kirche die Empfängnisverhütung und die Muslime fordern zum Zeugen vieler Kinder auf, damit die Zahl ihrer Gläubigen ständig wächst ...

Das Wachstum der Weltbevölkerung lässt sich nur auf eine Weise rückläufig machen: indem ein Umdenken einsetzt, indem neue Werte an die Stelle der alten Dogmen treten und sich alle vom Wachstumsdenken verabschieden! Indem mehr Lebensqualität an die Stelle der Ausbeutung und Selbstausbeutung der Einzelnen tritt.

Die wirtschaftlichen und technischen Voraussetzungen dafür sind gegeben. Die Gesellschaften sind pervertiert, die geheimen Verbindungen bis hin zu den Anunnaki an der Spitze haben schreckliche Früchte getragen. Alles hat sich zugespitzt! Es sieht leider wirklich danach aus, dass diejenigen, die hinter der Weltbühne die Fäden ziehen, die Schattenregierung, gerne einen Dritten Weltkrieg hätten, um alles aus den Trümmern wiederauferstehen zu lassen ... wie gehabt, nur noch kontrollierter denn je!

Aber wir können dem entgegenwirken und das Wettrennen auf den Abgrund zu stoppen ... durch eine neue, gereifte Grundhaltung, die sich vom Wachstumsdenken verabschiedet. Denn, wie gesagt, ewiges Wachstum ist einfach *unmöglich* und muss zu einem Zusammenbruch führen. Den brauchen wir nicht abzuwarten, wir können *jetzt* neue Werte entwickeln.

Referenzen

- World Population Growth: https://ourworldindata.org/world-population-growth
- Worldometers: http://www.worldometers.info
- Earth Overshoot Day: https://www.overshootday.org
- Soylent Green: https://de.wikipedia.org/wiki/%E2%80%A6_Jahr_2022_%E2%80%A6_die_%C3%BCberleben_wollen
- Agenda 21: https://en.wikipedia.org/wiki/Agenda_21
- Agenda 2030: https://sustainabledevelopment.un.org/post2015/transformingourworld
- Die Tribute von Panem: https://de.wikipedia.org/wiki/Die_Tribute_von_Panem
- Earth Overshoot Day – Consuming More Than The Earth Can Give: https://www.terrapass.com/Earth-Overshoot-Day
- You Won't Realize the True Impact of Overpopulation Until You See This: http://www.wakingtimes.com/2015/04/10/you-wont-realize-true-impact-of-overpopulation-until-you-see-this
- Eine Erde ist schon jetzt nicht mehr genug: https://www.sueddeutsche.de/politik/ueberbevoelkerung-wir-werden-viel-zu-viele-1.3180810-2
- Rockefeller & Bill Gates wollen Bevölkerungsreduktion, Abtreibung, Zwangssterilisation: https://vimeo.com/312011080
- Stanford-Professor warnt – Das sechste globale Massenaussterben ist bereits in vollem Gange: https://www.focus.de/wissen/mensch/glo

bales-massensterben-stanford-professor-warnt-vor-zuegellosem-konsum_id_8737878.html

Welchen Zweck verfolgen die FEMA-Lager?

*W*as ist die FEMA? Diese Bezeichnung ist eine Abkürzung für »*Federal Emergency Management Agency*« oder »Bundesagentur für die Handhabung von Notstand«. Diese Behörde hat angeblich um die achthundert *Internierungslager* in den USA errichtet. Wozu?

Am Anfang glaubte ich an die offizielle Erklärung für das Errichten sehr vieler FEMA-Lager, sie wollten eine große Anzahl von Zügen bereitstellen und Maßnahmen für die Umsiedlung zahlreicher Menschen in der Bevölkerung treffen, weil ein enormes Erdbeben in der New-Madrid-Region erwartet wurde. Das erschien damals (um 2010 herum bis 2012) glaubwürdig. Allerdings deutete soweit nichts wirklich darauf hin, dass dort bald ein heftiges Erdbeben zu erwarten war. Hingegen wuchs der Verdacht immer mehr, dass eine ganz andere Absicht hinter diesen Vorbereitungen, hinter den Lagern und Transportzügen steckte: ein geheimer Zweck. Und ich fragte mich: Wozu wurden diese Einrichtungen gebaut? Bereiteten sich die USA auf einen großen Bürgerkrieg vor? Dann tauchten Informationen über Pläne für *Umerziehungslager* sowie *Umsiedlungen* von Menschen auf, über *Internierungen* aus un-

klaren Gründen. Gehirnwäschelager? Zu schwer zu glauben, oder nur zu unbequem? War also all das Theater über die New-Madrid-Gefahr schließlich nur ein Vorwand gewesen? Machte man sich eine tatsächliche Bedrohung zunutze, um seine eigentliche Absicht leichter vertuschen zu können?
Höchst offizielle Quellen im Internet gaben weitere Hinweise. Die FEMA begann im Februar 2011 damit, Lebensmittelpackungen aufzukaufen, nachdem sie erst Lieferanten dafür gesucht hatte, um voraussichtlich sieben Millionen »Überlebende einer Katastrophe im Zusammenhang mit der New-Madrid-Verwerfungslinie« zehn Tage lang versorgen zu können. Ich zitiere:

»Die FEMA besorgt und lagert im Handel erhältliche vorverpackte Mahlzeiten zur Bereitstellung für eine sofortige und routinemäßige Versorgung von Katastrophenüberlebenden. Die Absicht bei dieser Informationserhebung ist, Lieferquellen für Mahlzeiten zu identifizieren, zwecks Unterstützung von Maßnahmen zur Katastrophenversorgung im Falle eines disaströsen Ereignisses im System der New-Madrid-Verwerfungslinie für eine Anzahl von sieben Millionen Überlebenden, zur Verwendung für ihre Lebenserhaltung binnen eines 10-tägigen Unternehmens.«

Diese staatliche Offerte ging am 20. Januar 2011 an die Industrie und potenzielle Lieferanten, und man erwartete Rückmeldungen bis zum 3. Februar. Bei »sieben Millionen Überlebenden« mit zwei Mahlzeiten pro Tag für zehn Tage betrug das Auftragsvolumen gewaltige 140 Millionen vorverpackte und haltbare Lebensmitteleinheiten. Und für den gleichen Zweck suchte die FEMA auch eine entsprechende Menge *Trinkwasser* in Behältnissen sowie vierzehn Millionen Decken. Möglicherweise bereitete man sich auch darauf vor, Lebensmittel von Landwirtschaftsbetrieben zu konfiszieren. Die amerikanischen Brauereien Budweiser und Busch reduzierten ihre Herstellung von Bier in Dosen und produzierten massenweise Dosen mit *Wasser*.

Verschiedenen Berichten nach wurden und werden die FEMA-Lager von der Firma KBR gebaut, früher Kellogg Brown & Root, im staatlichen Auftrag für die amerikanische Einwanderungs- und Zollbehörde des Department of Homeland Security. Verstöße gegen das Menschenrecht und die Einwanderungsgesetze, Menschenhandel, Waffenschmuggel ins Ausland, Cybercrime, finanzielle Verbrechen und ähnliches stehen auf ihrer Ermittlungsagenda. Sie wollten dort im Falle einer *Masseneinwanderung* zeitweilig Menschen internieren, hieß es. Zitat:

»KBR hat einen Auftrag vom Department of Homeland Security erhalten ... Der zeitlich unbegrenzte Vertrag sieht die Errichtung von Anlagen zur vorübergehenden Internierung und Abarbeitungskapazitäten vor im Falle eines *notlagebedingten Zustroms von Einwanderern* in die USA ...«

Der Originaltext war Anfang Februar 2011 noch auf der Website der Immigration and Custome Enforcement zu finden, ist inzwischen aber verschwunden. Dafür wird der Auftrag auf einer anderen offiziellen Seite des Unternehmens Halliburton erwähnt. Man rechnet demnach mit einer möglichen Notlage, die zur Massenflucht in die USA führen könnte.

Es gibt auch Videos über FEMA-Lager. Diese Lager erinnern stark an die Konzentrationslager der Nazi-Zeit und haben sogar Eisenbahnanschlüsse für FEMA-Züge, die gleich zwei- bis dreistöckig sind, möglicherweise in manchen Fällen mit einer oberen Etage für Fahrzeuge. In den unteren Etagen sollen angeblich Sitzbänke eingerichtet sein, sogar mit Stangen zur Befestigung von Handschellen. Die FEMA suchte auch Unternehmen für die »Motortransport-Evakuierung der allgemeinen Bevölkerung«.

Es gibt sogar besondere FEMA-Särge

*I*n den USA werden bereits mindestens eine halbe Million – andere Quellen behaupten bis zu fünf Millionen – rätselhafte schwarze Kunststoffboxen gelagert, die sich größenmäßig als Särge für drei bis vier Leichen eignen würden. Eine Erklärung könnte ein Massensterben nach einer sehr umfassenden Naturkatastrophe sein. Dass also FEMA sich darauf vorbereitet, wäre wohl zunächst eine glaubwürdige Erklärung für die Särge. Möglicherweise steht das im Zusammenhang mit der erwarteten Katastrophe entlang der »New-Madrid-

Verwerfungslinie«. Es wird sogar über die angebliche Vorbereitung von Massengräbern berichtet. Die US-Behörden suchten auch »Unterwasser-Leichensäcke« für das »Einsammeln von Leichen und Körperteilen« im Falle einer Notlage. Wieso unter Wasser? Solche Leichensäcke sind offensichtlich wasserdurchlässig und versinken, statt an der Oberfläche zu schwimmen. Die Anzahl dieser Säcke betrüge nach einer anderen Quelle vierzig Millionen.

Es ist inzwischen *zweifelsfrei erwiesen*, dass die FEMA-Boxen tatsächlich für den Gebrauch als Särge für die Einäscherung vorgesehen sind. Man fand nämlich das US-Patent Nr. 5.425.163. Die darin beschriebenen Boxen sind genau so gestaltet wie die auf den Videos, nur dass diese größer sind, mit Platz für zwei bis vier Leichen, wodurch wohl die Entsorgung rationalisiert werden soll. Der Text zum Patent sagt über Zweck und Anwendung Folgendes aus:

»Die Erfindung bezieht sich auf ein Behältnis für Transport, Lagerung und Kremierung eines Kadavers ... Es besteht ein großer Bedarf an einem Krematiosnbehältnis für Verstorbene, das die Leiche sowie daraus austretende Flüssigkeiten so lagern kann, dass die Verbreitung von Infektionen vollständig vermieden wird.«

Eigentlich dürfte es ja selbstverständlich sein, dass man der Verbreitung von Infektionen durch Leichen vorbeugen will. Und doch schleicht sich der Verdacht ein, dass dies keine konventionellen Maßnahmen sind. Sollen hier wirklich Opfer einer Katastrophe durch ein Erdbeben im New-Madrid-Gebiet beigesetzt werden? Äußerst beunruhigend sind auch neuere Gerüchte darüber, dass diese FEMA-Lager sogar mit 30.000 Guillotinen ausgerüstet sind. Und in letzter Zeit mehren sich die Stimmen, dass es hier den Anunnaki selbst an den Kragen gehen soll. Was auch immer dort geschieht, es wird nicht mehr lange dauern, bis die Wahrheit darüber ans Licht kommt. Denn eines steht fest: Die Aktionen werden nicht unbeobachtet bleiben.

Referenzen

- U.S. Army Document Outlines Plan For Re-Education Camps: https://www.infowars.com/leaked-u-s-army-document-outlines-plan-for-re-education-camps-in-america/
- Re-Education Camp Manual: https://info.publicintelligence.net/USArmy-InternmentResettlement.pdf
- 89 – RFI for pre-packaged commercial meals: http://www.fbodaily.com/archive/2011/01-January/22-Jan-2011/FBO-02363660.htm
- RFI – Hydration Supplies for Disaster Relief: https://web.archive.org/web/20170902200249/https://www.fbo.gov/index?s=opportunity&mode=form&id=62cccef98e5833104bddc6956bf68170&tab=core&_cview=0
- RFI – Blankets for disaster relief: https://web.archive.org/web/20120313164243/https://www.fbo.gov/index?s=opportunity&mode=form&id=dbbf396ad98876328a0ba1485a842af1&tab=core&tabmode=list
- FEMA to confiscate food from local farms in emergencies?: https://www.naturalnews.com/032357_FEMA_food_confiscation.html#ixzz1M4EylrrZ
- Halliburton confirms concentration camps already constructed: http://www.libertyforlife.com/jail-police/us_concentration_camps.htm
- FEMA Camp Footage (Concentrations Camps in USA – Video): https://www.youtube.com/watch?v=0P-hvPJPTi4
- FEMA camp coffins investigated (Video): https://www.youtube.com/watch?v=m3zSDdm-SHI
- Investigating FEMA mass graves (Video): https://www.youtube.com/watch?v=OoXTQwFD42o
- Request for information – underwater body bags: https://web.archive.org/web/20190106023523/https://www.fbo.gov/index?s=opportunity

&mode=form&id=9a355c41166286c114aadc664cfd895d&tab=core&_cview=0
- US-Patent No. 5,425,163: http://www.freepatentsonline.com/5425163.pdf
- Why Did the U.S. Government Purchase 30,000 Guillotines?: https://www.linkedin.com/pulse/why-did-us-government-purchase-30000-guillotines-melinda-h
- Massive FEMA Death Camp With Graves Discovered In Houston: https://amg-news.com/massive-fema-death-camp-with-graves-discovered-in-houston-fema-camps-are-open-for-business/
- Der unterirdische KRIEG! - The Underground WAR! Happening NOW!!!: https://www.youtube.com/watch?v=hDaHKAdahB4

Abtreibung?

*D*ie Frage der Abtreibung ist ein heißes Eisen – politisch, religiös und sozial. Was man auch davon halten mag: Es ist und bleibt *ein Töten von Leben*. Es befindet sich im Mutterleib ein *beseelter* menschlicher Körper. Manche wollen nichts davon wissen, dass der Fötus eine Seele hat, aber es ist eher umgekehrt: Da ist eine Seele gekommen, um in einem sich ausbildenden menschlichen Körper Platz zu nehmen, den sie sich vielleicht ausgesucht hat oder der ihr von irgendwoher zugewiesen wurde. Die Seele kann man aber nicht töten, nur den Leib. Was geschieht also bei einer Abtreibung? Die Seele verliert diesen Körper und muss wieder gehen, und zwar in einem schmerzlichen Vorgang. Sie geht dann in die andere Dimension zurück, aus der sie gekommen war. Ob das nun sündhaft übel ist oder vielleicht doch nicht ganz, ist eine schwierige Frage. Es wurde der Seele eine Inkarnation verwehrt, aber sie wird woanders inkarnieren, auch wenn sie zunächst eine möglicherweise wichtige Gelegenheit hat verpassen müssen.

Eine andere Sichtweise ist natürlich, dass die Seele es sich vielleicht sogar vorgenommen hat, eine solche Abtreibung zu erleben. Möglicherweise wollte oder brauchte sie keine weitere Inkarnation mehr zu durchleben, hatte aber noch Bedarf daran, von den Eltern gezeugt sich mit der Mutter zu verbinden. Und wenn auch nur, um diesen beiden Menschen eine neue Richtung im Leben zu geben, die ihren gemeinsam abgesprochenen Seelenplänen entsprechen. Man fragt sich jedoch, wie weit solche schmerzlichen Erfahrungen noch von den lichten Kräften getragen werden, wenn beispielsweise im Januar 2019 in New York ein Gesetz für völlig freie Abtreibungen *bis zur Geburt* eingeführt wird. Man darf dort jetzt sogar in den letzten Schwangerschaftstagen noch eine Abtreibung vornehmen lassen. Da ist es nur noch ein kleiner Schritt dahin, dass es zulässig wird, ein gerade geborenes Kind umzubringen. Abtreibung nach der Geburt!

Hier ist wohl eindeutig die Grenze zum Satanismus überschritten, der in diesem Buch ja schon öfter eine Rolle spielte. Und das nicht zufällig, entfesselt er doch die Energie, an der sich die Satanisten erfreuen, nach der sie süchtig sind und von der die Anunnaki leben. Eine solche »Abtreibung« kann dann nur noch ein Opferungsritual sein – und anschließend wird sich der Verkauf des Opfers, wie er jetzt schon mit abgetriebenen Föten, ihren Organen und ihren Geweben erfolgt. Man mag es kaum sagen, aber sie finden unfassbarerweise manchmal sogar den Weg in Lebensmittel, die wir unwissend verzehren. Angeblich sollen sie den Geschmack verbessern ... oder möglicherweise satanistische Energien verbreiten? Das erinnert mich alles in erschreckender Weise an alte Traditionen um den Gott Moloch. Aber es scheint hierbei vor allem um ein geschäftliches und vielleicht sogar verborgenes rituelles Interesse zu geben.

Referenzen

- New York feiert legalen Babymord: http://www.pi-news.net/2019/01/new-york-feiert-legalen-babymord
- Bill Gates in Impf-Propaganda ... und dann das!: https://www.youtube.com/watch?v=m6JLz4GgX_M&feature=youtu.be
- Selling Unborn Babies – The Reality of Fetal Tissue Research: http://clinicquotes.com/selling-unborn-babies-the-reality-of-fetal-tissue-research/
- Harvesting the organs and tissues of aborted pre-borns: http://www.prolifeinfo.ie/issues/foetal-experiments/harvesting-organs
- Which Companies Are Using Aborted Human Fetuses in Their Food?: https://gawker.com/5879254/which-companies-are-using-aborted-human-fetuses-in-their-food
- Major food corporations use tissue from aborted babies to manufacture flavor additives in processed foods: https://www.naturalnews.com/049367_aborted_babies_flavor_chemicals_food_corporations.html
- Moloch, the ancient pagan God of child sacrifice: https://carm.org/moloch-ancient-pagan-god-child-sacrifice
- Kinderopfer – rituelle Tötung von Kindern: http://www.freigeist-forum-tuebingen.de/2014/09/kinderopfer-rituelle-totung-von-kindern.html

Anhang 4

Eine Studie über den Ursprung des Bösen

Diese Studie bezieht sich größtenteils auf Schriften, von denen die meisten 1945 in Nag Hammadi in Ägypten gefunden wurden, aber auch auf andere alte Texte der gnostischen Christen. Das Wort »gnostisch« wird oft von Gegnern der Wahrheit auf Philosophien und Religionen bezogen, die überhaupt nicht christlich sind, aber hier geht es ausschließlich um das Gnostische Christentum.

Wer waren die Gnostischen Christen?

Jesus und Christus sind meinem Verständnis nach – und das ist das Ergebnis umfassender Recherchen – nicht miteinander identisch. Jesus ist ein Botschafter, den uns Christus sandte, um uns zu lehren, aber wir führen die beiden im Begriff »Jesus Christus« zusammen. Um Jesus herum entstand ein innerer Kreis, bestehend aus Jüngern und anderen ihm nahestehenden Personen, die seine Lehren empfingen. Bekanntlich gab es auch einen äußeren Kreis von Menschen, die ihm zuhörten, als er öffentlich sprach, oder in anderer Weise Begegnungen mit ihm hatten.

Es ist offensichtlich, dass Jesus im inneren Kreis über viele Dinge sprach, die er im äußeren Kreis nicht erwähnte, weil manche Zuhörer es nicht verstehen würden – vgl. Joh 16,12: »Noch vieles habe ich euch zu sagen, aber ihr könnt es jetzt nicht tragen.« Deshalb wussten sie im inneren Kreis mehr als die anderen, und es entstand aus ihnen das sogenannte Gnostische Christentum, wobei gnostisch »wissend« heißt – also die »wissenden Christen«. Der gesellschaftlichen Oberschicht jener Zeit, politisch wie religiös, war das ein großes Ärgernis, denn Jesus lehrte vieles, was die Menschen »nicht wissen sollen«, sogar die Reinkarnation, die im Gnostischen Christentum ein Teil des Glaubenssystems ist. Und er lehrte auch, dass Jahweh nicht der *Höchste Gott* sei, sondern über ihm noch ein höherer Gott und Urschöpfer steht. Das brachte die Gesellschaft in Aufruhr und weckte den Zorn Jahwehs, der ihn deshalb töten ließ.

Die Gesellschaft und Jahweh erwarteten nun, dass das Gnostische Christentum sich nach Jesu Tod verlaufen und das »verbotene Wissen« allmählich verschwinden würde, aber so kam es nicht. Deshalb griff man zu einer Strategie. Erst veranlasste Jahweh Paulus, in einer Weise zu sprechen und zu schreiben, dass ein veränderte Christentum entstand, ein *Christentum light*, das vieles abwandelte und wegließ, worüber Jesus gesprochen hatte. Diese Version wurde zur Basis einer Kirche, die durch Jahwehs Einfluss auf Konstantin entstand. Der »Vater«, von dem Jesus sprach, ist nicht Jahweh, sondern ein höherer Gott, wie aus Joh 8,31-47 und besonders 8,44 hervorgeht.

Die Schöpfung

*D*as Universum ist zweifellos insofern ein Multiversum, als es mit Sicherheit wesentlich mehr Dimensionen als die drei von uns wahrnehmbaren umfasst. Die höchste Dimension ist reine Lichtenergie, und die Schöpfungen gehen von dort aus nach unten hervor, so dass niedere Ebenen oder Einteilungen des Lichts entstehen. Der Schöpfer steht über dem allen und *ist* somit die höchste Dimension. Er *ist* das Licht, da es am Anfang kein anderes Licht gab.

Gnostische Texte beschreiben den Schöpfer wie folgt:

»Er ist der, der existiert als Gott und Vater des Alls, der Unsichtbare, der über dem All ist, der als Unvergänglichkeit und als reines Licht existiert, in das kein Auge blicken kann. Er ist unergründbar, da es dort keinen gibt, der vor ihm ist, um ihn zu ergründen. Er ist unmessbar, da es keinen gab, der vor ihm ist, um ihn zu messen. Er ist unsichtbar, da keiner ihn gesehen hat. Er ist ewig, da er ewiglich existiert. Er ist unaussprechbar, da keiner in der Lage war, ihn zu begreifen, um dann über ihn zu reden. Er ist unbenennbar, da dort keiner ist, der über/vor ihm ist, um ihn zu benennen. Er ist das unmessbare Licht, das rein, heilig und gereinigt ist.«[20]

---

[20] Stilistisch ein wenig verbessert aus *Das Apokryphon des Johannes* in *Bibel der Häretiker*, übersetzt von Gerd Lüdemann und Martina Janßen

Er ist die erste und ewige Wesenheit, der *Höchste Gott* »El Eljon«, der Licht ist, und das Licht ist er – in Psalm 78,35 wird unterschieden zwischen »Gott« = Elohim (unten als Jahweh verstanden) und »Gott der Höchste«, der über ihm ist. Er sah sich selbst überall als Licht, weil er selbst das Licht war. Er wollte dann das Licht, das er war und ist, differenzieren, damit es Formen, Strukturen und Funktionen haben sollte. Er tat nichts anderes als *wollen*, dass es so wird, und dann wurde es so. Das war die Manifestation des ursprünglichen Gedankens (*protennoia*). Aus diesem Wollen und Denken heraus entstand Barbelo,[21] seine schöpferische Kraft, um die Schöpfung zu »gebären«, weshalb die Gnostischen Christen sie als weiblich auffassten. Die erste erschaffene Wesenheit war Autogenes, derjenige, den wir Christus nennen und der durch das Wollen von Barbelo und dem Schöpfer aus sich heraus entstand. So entstand die ursprüngliche Dreiheit, die trimorphische *protennoia*.

Aus dem genannten gnostischen Text über Barbelo:

»Und sein Gedanke (*ennoia*) vollbrachte eine Tat und trat in Erscheinung, das heißt die, die in Erscheinung im Glanz seines Lichtes vor ihn trat. Das ist die erste Kraft, welche vor dem All war und welche aus seinem Denken in Erscheinung trat. Sie ist die *Pronoia* [Vorgabengedanke] des Alls – ihr Licht leuchtet im Abbild seines Lichtes –, die vollkommene Kraft, die das Abbild ist des unsichtbaren, jungfräulichen Geistes, der vollkommen ist.

---

[21] Der Heilige Geist? Für die gnostischen Christen war der Heilige Geist weiblich, vgl. *The Holy Spirit as feminine*; http://www.scielo.org.za/scielo.php?script=sci_arttext&pid=S0259-94222016000100026.

Die erste Kraft, der Ruhm der Barbelo, die vollkommene Herrlichkeit in den Äonen, die Herrlichkeit der Offenbarung, sie gab Lobpreis dem vollkommenen Geist, und sie war es, die ihn preist, denn seinetwegen war sie in Erscheinung getreten.«

In diesem Vorgang verdichtete sich das Licht in vielfacher Weise aus Gedankenformen heraus, wie Wellen und Muster und Verdichtungen, die sich aufteilten und als Wesenheiten individualisierten, die man dann als Engel bezeichnete, besonders eine Anzahl Erzengel und damit gruppenweise verbundene untergeordnete Engel.

Äonen entfalteten sich, eine Reihe von Ebenen (oder vielleicht Schichten) der Existenz (*Hypostasen*), die man mit Dimensionen eines eher physischen multidimensionalen Universums vergleichen mag. Auf einer ursprünglicheren Ebene angesiedelt ist Sophia (die Weisheit, weiblich), die ein Verlangen nach einem besseren Verständnis der ganzen Schöpfung hatte, und ihr gewissermaßen individualisiertes Verlangen manifestierte sich in einem unteren Äon als Achamoth (*Sophia Achamoth*, hebr. *chokhmah*). Dieses Verlangen manifestierte sich dann so, dass es eigentlich unabsichtlich aus ihr – durch ihre Gedankenform – als eine Wesenheit heraustrat, ohne Einverständnis ihres Partners. Diese Entität hatte ein Gesicht wie ein Löwe und einen Körper wie eine Schlange, und sie nannte sie Jaldabaoth (oder Jaltabaoth, vermutlich vom Aramäischen *jaldā' bāhū'*, »Sohn des Chaos«). Sie erschrak, als sie die Erscheinung des Wesens sah, und verstand mit Scham, dass sie einen Fehler begangen hatte, und hüllte es in eine Wolke, von der aus es in dunklere Regionen entwich.

Jaldabaoth wird Jahweh

Er ließ sich in den dunklen Regionen nieder, in einem Bereich, den er für sich selbst reklamierte und wo er eigene, aber sekundäre Schöpfungen entstehen ließ. Er nannte sich nun Jahweh und behauptete, der einzige Gott zu sein. In der üblichen Übersetzung von 2 Mos 20,2-3 und 5 Mos 5,6-7: »Ich bin der HERR, dein Gott, der ich dich aus Ägyptenland, aus dem Diensthause, geführt habe. Du sollst keine anderen Götter neben mir haben.« Die wörtliche Übersetzung dieser zwei Textabschnitte lautet allerdings: »Ich bin Jahweh, dein Elohim, der dich aus dem Lande Ägypten geführt hat und aus dem Haus der Diener. Es wird kein anderer Elohim an meiner Stelle zu dir kommen.« Das Wort *elohim* ist die Mehrzahl von *el* oder *eloah* = Gott. Was hat Jahweh damit gemeint – dass er »einer der Elohim« (also einer von einer Gruppe erschaffener Götter) sei, der nun »euer Gott sei, und erwartet keinen anderen«? Jedenfalls räumt er damit ein, dass es auch andere geben könnte, und er spricht eher im Sinne von Konkurrenzverbot … Die Bibel selbst deutet an, dass es am Anfang auch andere »Götter« gegeben haben könnte.

Der erste Satz in der Bibel

Der hebräische Text in 1. Mose 1,1 lautet wie folgt: *Bere'shit bara' 'elohim et ha-shamajim ve'et ha'aretz.* Das wird üblicherweise übersetzt mit der Formulierung »Am Anfang erschuf Gott den Himmel und die Erde«. Wie man es nun dreht und wendet, bleibt es eine Tatsache, dass *'elohim* die Mehrzahl von *'el* oder *'eloah* = »Gott« ist. Deshalb hat man vorgeschlagen, dass man es auch als »… die Götter erschufen …« verstehen könnte, was aber grammatikalisch nicht stimmt, denn das Verb *bara'* (erschuf) steht in der Einzahl. Die Theologen kehren dies unter den Tisch und erklären es zum Pluralis Majestatis. Diese grammatikalische Form existiert zwar im Hebräischen, aber es gibt noch eine andere Lösung, die man vermutlich absichtlich übersieht.

Die konventionelle und dogmatisch anerkannte Übersetzung von *bere'shit* beruht auf *be,* übersetzt als »in, an« und *re'shit* als »Anfang«. Gemäß Wörterbüchern kann aber *re'shit* alternativ »der Erste« (seiner Art) bedeuten und *be* auf den Anfang hinweisen. Demnach kann man *bere'shit* auch als eine etwas tautologische Formulierung verstehen, mit der Bedeutung »der Allererste« oder »der Ursprüngliche«. Dann passt das Folgende grammatikalisch:

Der Erste (von allen) erschuf die Götter, die Himmel und die Erde.

Oder ein bisschen freier:

Der ursprüngliche Schöpfer erschuf die Götter, die kosmischen Welten und (darunter) die Erde.

Außerdem haben nur wenige Übersetzungen »die Himmel« in der Mehrzahl wie im Originaltext. Aber das hebräische Wort *shamajim*, »Himmel«, steht in der Mehrzahl und kann sinnvollerweise als »kosmische Welten« verstanden werden. Und wer sind nun die erschaffenen Götter? In unserem Zusammenhang offensichtlich Bewohner dieser kosmischen Welten – Planeten und andersdimensionaler Bereiche –, das heißt: *außerirdisches Leben im Allgemeinen*, also *andere Götter draußen* und interdimensionale Entitäten.

Wo befinden sich die dunkleren Regionen? Einige Texte erwähnen die äußere Finsternis (*tartaros*) als eine Region weit weg vom göttlichen Licht. Aber war denn nicht das ursprüngliche Licht des El Eljon überall? In der hebräischen Kabbalah[22] gibt es dafür eine bemerkenswerte Erklärung des großen Rabbi Isaac Luria (*Jitzhak Lurja*):

»Gott fing den Schöpfungsvorgang damit an, dass er sein [unendliches] Licht ›zusammenzog‹, um einen ›begrifflichen Raum‹ zu ermöglichen, damit endliche und scheinbar unabhängige Bereiche existieren können. Durch die-

---

[22] Einige Leser mögen die Kabbalah eher für etwas Negatives halten und sie mit Magie verbinden. Es ist wahr, dass kabbalistische Prinzipien und Dämonologie in manchen Formen von Magie missbraucht wurden, aber es gibt auch viel Wissen und Weisheit in der Kabbalah. Man muss nur – wieder einmal – die Spreu vom Weizen trennen.

se ursprüngliche Zusammenziehung entstand ein *halal happanuj*, in das neues schöpferisches Licht eingestrahlt werden kann und der allgemein mit [dem Begriff] *tzimtzum* bezeichnet wird.«

Außerhalb dieses zunächst leeren Raums existiert somit ein dunkler Raum, der unterteilt wurde in mehr oder weniger dämmrige bis dunkle Bereiche, je weiter entfernt, desto dunkler.

»Ihre fortschreitenden Einschränkungen des göttlichen *Ohr* (Licht), von Bereich zu Bereich in der Schöpfung, werden in der Mehrzahl als sekundäre *tziratzumim* erwähnt ...«[23]

Die anthroposophische Website AnthroWiki erklärt den Begriff *tzimtzum* sehr gut, weshalb ich sie hier auch noch zitiere:

»**Zimzum** oder **Tzimtzum** … (wörtlich *Zusammenziehung* oder *Rückzug*) bezeichnet den Akt der *Selbstbeschränkung* und des *Rückzugs* Gottes beziehungsweise des Unendlichen, des Ain Soph, durch den erst die Schöpfung möglich wurde. ... Gott habe vielmehr sein unendliches göttliches Licht, das alles erfüllte, an den Rändern zusammengezogen, um so einen endlichen Leerraum (hebr. *chalal* = Raum) zu öffnen, in dem die geschaffenen Welten entstehen konnten. Da Gott in dem so entstandenen Schöpfungsraum nicht oder zumindest nicht voll-

---

23 Diese beiden Zitate habe ich aus der englischsprachigen Wikipedia übernommen und ins Deutsche übersetzt.

ständig immanent anwesend und wirksam ist, ist hier der Raum für das Böse geschaffen, zugleich aber auch die Grundlage für die Freiheit des Menschen.«

Interessanterweise gibt es gewisse Ähnlichkeiten bei der Darstellung der Schöpfung in der indischen Philosophie Samkhya des alten Philosophen Kapila, wonach das Universum aus dem Willen des Schöpfers (Brahman) heraus entstand. Darin sind verschiedene Elemente in einem Gleichgewicht, das durch unterschiedliche Faktoren gestört werden und in Unordnung geraten kann, worauf es zu einem neuen Gleichgewicht kommt. Das wiederholt sich, und so entstehen neue Ebenen, während Elemente sich immer weiter neu ordnen, um das Gleichgewicht zu halten.

Engel und Satan

*E*s erschienen noch andere Wesenheiten im Licht. In der mittelalterlichen Angelologie gehören gewöhnliche Engel zu der untersten von neun Himmelsordnungen: Seraphim, Cherubim, Thronen, Gewalten, Tugenden, Mächte, Fürstentümer, Erzengel und eben gewöhnliche Engel. Einer der Erzengel war Satanael, auch Satanel oder Satanail genannt, den viele als den ersten Erzengel erwähnen. Er war selbstbewundernd narzisstisch und hatte die unmögliche Idee, dass er seinen Thron höher in den Wolken über der Erde aufstellen und dem Schöpfergott und seiner Macht gleich werden könne. Aufgrund dieser Überheblichkeit wurde er aus dem Licht hinausgeworfen, zusammen mit einem Drittel (übliche Interpretation von Offb 12:4) der Engel – vermutlich diejenigen, die von ihm als Erzengel noch geleitet wurden. Zwei Bibelstellen berichten davon:

»Gedachtest du doch in deinem Herzen: ›Ich will in den Himmel steigen und meinen Stuhl über die Sterne Gottes erhöhen; ich will mich setzen auf den Berg der Versammlung in der fernsten Mitternacht; ich will über die hohen Wolken fahren und gleich sein dem Allerhöchsten.‹« (Jes 14,13-14)

»Du warst ohne Tadel in deinem Tun von dem Tage an, da du geschaffen wurdest, bis sich deine Missetat gefunden hat. Denn du bist inwendig voll Frevels geworden vor deiner großen Hantierung und hast dich versündigt. Darum will ich dich entheiligen von dem Berge Gottes und will dich ausgebreiteten Cherub aus den feurigen Steinen verstoßen. Und weil sich dein Herz erhebt, dass du so schön bist, und hast dich deine Klugheit lassen betrügen in deiner Pracht, darum will ich dich zu Boden stürzen und ein Schauspiel aus dir machen vor den Königen.« (Hes 28,15-17)

Erzengel haben bestimmte Aufgaben. Welche Aufgabe könnte Satanael gehabt haben, bevor er hinausgeworfen wurde? *Satan* bedeutet im Hebräischen »Gegner«, »Widersacher«, und das wurde er ja, nachdem er weggehen musste, aber hatte er – in einem positiveren Sinne – eine entsprechende Funktion, als er noch im Licht war? Vielleicht war er eine Art Administrator, der seine eigene Vorstellung davon entwickelte, wie die Dinge administriert werden sollten. Tatsächlich bedeutet das sumerische Wort *satam* »Administrator«. Grundlegende Prinzipien für den höchsten Schöpfer El Eljon sind Empathie, Liebe und Harmonie. Jedoch sah Satanael anscheinend andere Prinzipien für eine erfolgreiche Administration als »wirkungsvoller« an, nämlich egoistischer Wettkampf, wo nötig, mit Stärke, Gewalt und Totalitarismus ohne Rücksicht auf individuelle Wünsche und Bedürfnisse anderer. Ein Herrschen des Stärkeren, die Schwächeren überwältigend (ein bisschen analog zu Darwins »Überleben des Geeignetsten«).

Eine Spekulation über Satan

*W*ie wurde Satanael hinausgeworfen? Als Jaldabaoth war er eine Art »Fehlgeburt« von Sophia Achamoth und entwich dann in dunklere Regionen, wo er sich als Jahweh niederließ. Der Hinauswurf könnte in ihm eine Art Minderwertigkeitskomplex verursacht haben, so dass er im dunkleren Bereich seine eigene Enklave als rachemäßige Kompensation einrichten wollte und um sich dort als der einzige Gott darzustellen und mit seinen eigenen »Geschöpfen« vom wahren Schöpfergott zu trennen. So wurde Satanael zu Satan (ohne *el* = »göttlich«).

Es gibt Texte, die Satanael für den älteren von zwei Söhnen Gottes halten, der andere wäre Christus. Im Bogomilismus, einer dualistischen gnostischen Sekte, die vom zehnten bis fünfzehnten Jahrhundert in Teilen Europas wirkte, wurde Satanael für den älteren Bruder gehalten, der schon vor Christus da war und mit anderen Engeln als gut erschaffen worden sei. Er wurde hoch geachtet und saß rechts von Gott als sein Verwalter, wurde aber mit seiner Situation unzufrieden und rebellierte. Er überredete andere Engel, sich ihm anzuschließen, und versprach Befreiung von langweiligen liturgischen Diensten. Gott warf sie alle hinaus, und Satanael ging in den leeren Bereich und entschied sich, sich selbst einen zweiten Himmel einzurichten, über den er als zweiter Gott herrschen konnte. Das Universum wurde sein zweiter Himmel (nach *Occult World*). Jedoch glaube ich eher an die Schöpfungsdarstellung der Gnostischen Christen (der Bogomilismus war ein späterer Zweig), wonach Autogenes der Ersterschaffene war.

Es gibt auch Texte wie *The Book of Adam* (und der Qur'an), in denen steht, dass Satan deshalb hinausgeworfen wurde, weil er sich nicht vor Adam verbeugen wollte. Das kann aber nicht zutreffen, weil Adam vor dem Fall noch gar nicht da war! Er wurde erst von Jahweh, dem gefallenen Satan, erschaffen.

Ein Text der Katharer, *Interrogatio Johannis*, sagt aus, dass es Satan erlaubt sei, sieben »Tage« zu herrschen, das heißt sieben »Zeitalter« – was das nun bedeuten soll?[24]

Im Buch 2 Henoch (oder slavischer Henoch) steht unter 29.1.3-4, zitiert nach *Die Bücher der Geheimnisse Henochs*:

---

24 In seiner Enzyklopädie *Origines* (https://de.wikipedia.org/wiki/Etymologiae) weissagte Isidor von Sevilla (https://de.wikipedia.org/wiki/Isidor_von_Sevilla, um 560-636), dass es sechs Weltalter geben werde. Jedes dieser Zeitalter würde tausend Jahre dauern. Im siebten Weltalter, in dem wir uns seit einigen Jahren befinden, würde die Welt zugrunde gehen (https://de.wikipedia.org/wiki/Zeitalter).

»Einer aber von der Ordnung der Erzengel, sich abgewandt habend mit der Ordnung, welche unter ihm, empfing einen unmöglichen Gedanken, dass er setze seinen Thron höher als die Wolken über der Erde, damit er gleich werde meiner Kraft. Und ich warf ihn hinab von der Höhe mit seinen Engeln. Und er war fliegend in der Luft beständig über dem Abgrund.«

Und ähnlich auch in 31.1.4:

»Der Teufel ist am untersten Orte, er ward Dämon, weil er [sich] machte fliehend aus dem Himmel zum Satan, denn er hatte den Namen Satanael. Daher veränderte er sich von den Engeln. Die Natur veränderte er nicht, sondern den Sinn, da ja ein Geist der Gerechten und der Sünder, und er erkannte seine Verurteilung und die Sünde, die er zuvor begangen.«

»Enuma Elish«

Wir können dies mit der sumerischen Schöpfungsgeschichte *Enuma Elish* vergleichen, der zufolge eine erste Gruppe erschaffener Wesen in der Lichtwelt der ursprünglichen Schöpfung dem Schöpfergott den Rücken kehrte und ihn für tot erklärte. Nun kann man den Schöpfer nicht töten, ohne selbst aufhören zu existieren. Es ist also wohl eine Metapher dafür, dass sie sich in einer gesonderten Region niederließen, wo sie mit dem wahren Schöpfer nichts mehr zu tun haben wollten. Ihn für »tot« erklären – Göttermord – hieße dann, so zu leben, als gäbe es ihn gar nicht. Wir können auch einen Vergleich zur gnostischchristlichen Schöpfungsgeschichte ziehen, in der Jaldabaoth – eine ziemlich gottlose Kreatur – durch einen »Irrtum« entstand und aus der ursprünglichen Lichtwelt entwich. Er ließ sich dann in einer dunklen Region nieder, nannte sich dort Jahweh, wollte nichts mehr mit dem wahren Schöpfer zu tun haben – und verbreitete die »Urlüge«, er selbst sei Gott; er wollte weiterleben, als gäbe es diesen nicht.

In diesem Zusammenhang ist interessant, dass gemäß religionsgeschichtlicher Forschung aus Sicht der Kulturgeschichte Jahweh ein Sturm- und Kriegsgott aus Sinai ist. Enlil, eines der Wesen in der *Enuma Elish*, wird ebenfalls als Sturm- und Kriegsgott angesehen. Es gibt so viele Parallelen zwischen der mesopotamischen Literatur auf Tontafeln und dem Alten Testament, dass viele Ethnologen und Sprachforscher den Ursprung des Letzteren in Ersterem sehen.

Angesichts des extrem grausamen Blutdurstes, der auf den Seiten des Alten Testaments dargestellt wird, die fanatische Bibeltreue lieber nicht lesen, wäre die Hypothese gerechtfertigt, das Böse als ein »Mitbringsel« von Satan/Enlil/Jaldabaoth in die trübe Region zu betrachten, in der wir nun einmal leben und in der er sich als Jahweh sesshaft machte.

Die Stufen der Schöpfung hinab

Auf der Treppe die Ebenen der Schöpfung hinunter kommen wir nun zu einem wichtigen Absatz: die Welt des Jahweh. Ein alternativer Name für ihn ist Jehowah. Beide Namen sind Transliterationen des hebräischen Wortes יהוה. Weil ursprünglich die hebräischen Texte die Vokalisierung wegließen – wahrscheinlich, weil man den Namen nicht aussprechen sollte –, hat man es mit verschiedenen Vokalen versucht. Jahweh ist der Vorschlag von Gesenius. Jehowah ist ein anderer Versuch mit Vokalen von »Adonai« (*adonaj* = »Herr«, gebraucht, um das Aussprechen der »vier Buchstaben« zu vermeiden).

Jaldabaoth/Jahweh raubte seiner Mutter Sophia Energie. Trotzdem blieb er schwach, war aber ein machtgieriger Draufgänger. Er ließ in einer sekundären Schöpfung zwölf Entitäten aus sich entstehen, die Archonten, um über die niedrigeren Regionen zu herrschen, die er für sich reklamierte, und »erschuf« 365 dunkle Engel, um ihm beizustehen. In seiner Überheblichkeit prahlte er: »Ich bin Gott, und es gibt keinen anderen!« Deshalb wurde er auch Samael genannt, der Blinde, weil er die Wahrheit nicht sehen wollte. Er wurde außerdem Saklas genannt, der Tor. In seiner Region entstand die Materie.

Wir wissen, was die Bibel über die Erschaffung des Menschen sagt. Interessanter ist allerdings, was apokryphe Texte wie diejenigen der Gnostischen Christen darüber sagen. Unser aktuelles Thema ist hier allerdings eine Untersuchung des Ursprungs des Bösen, deshalb mag es genügen, etwas zu bemerken, was den Christen im Allgemeinen wohl nicht klar ist: die *zweifache Erschaffung* des Menschen. Betrachten wir zunächst einmal die erste Erschaffung:

> »Und Gott sprach: Lasset uns Menschen machen, ein Bild, das uns gleich sei ... Und Gott schuf den Menschen ihm zum Bilde, zum Bilde Gottes schuf er ihn; und schuf einen Mann und ein Weib. Und Gott segnete sie und sprach zu ihnen: Seid fruchtbar und mehret euch und füllet die Erde ...« (1. Mose 1,26-29)

Das Wort, das hier mit »Gott« übersetzt wurde, ist wiederum *elohim*. Wie wir gesehen haben, bedeutet es eigentlich »Götter«, also eine *Gruppe* von Entitäten, die vom *Höchsten Gott* El Eljon erschaffen wurden. Diese Entitäten erschufen in *ihrem* Abbild *Mann* und *Frau*, und zwar *gleichwertig*. Dann haben wir noch eine zweite Erschaffung in der Bibel:

> »Und Gott der HERR machte den Menschen aus einem Erdenkloß, und er blies ihm ein den lebendigen Odem in seine Nase. Und also ward der Mensch eine lebendige Seele.« (1. Mose 2,7)

So wurde der Mensch – ein Mann! – zum Gärtner in Jahwehs persönlichem Garten. Ihm wurde verboten, vom »Baum der Erkenntnis« zu essen, der auf Hebräisch *'etz ha-da'at* heißt – wörtlich: »Baum der *Weisheit*«. Dieser Baum hat nichts mit Sexualität zu tun, aber alles damit, dass wir nicht erstreben sollen, mehr zu wissen, als wir brauchen, um zu funktionieren, nach dem Motto: »Tue, was dir gesagt wird, und stelle keine Fragen.« Dass dies zu »Erkenntnis« verdreht und auch noch mit Sexualität in Verbindung gebracht wird, drückt das Wunschdenken der herrschenden Patriarchen aus, die die Freude am Sex damals – zum Zwecke der Machtausübung – für sich reservieren wollten. Und *bevor* Eva erschaffen wurde, war Sex für Adam ohnehin kein Thema. Die Aufforderung erfolgt erst mit 1. Mose 1,28: »Seid fruchtbar und mehret euch.«

Dieser Absatz auf der Treppe der Schöpfung gewährt uns auch einen Blick auf den ungeheuerlichen Charakter des Jahweh. Er lässt Moses die Hebräer zum »Gelobten Land« führen. Als sie dann viele Jahre durch Sinai gewandert waren, erreichten sie es schließlich, aber es war zu ihrer Enttäuschung nicht frei. Dort lebten bereits Menschen in Städten. *Deshalb befahl Jahweh, sie alle ausnahmslos zu töten, ohne ein Kind, eine Frau oder einen alten Mann zu schonen*, und versprach ihnen:

> »… große und feine Städte, die du nicht gebaut hast, und Häuser, alles Guts voll, die du nicht gefüllt hast, und ausgehauene Brunnen, die du nicht ausgehauen hast, und Weinberge und Ölberge, die du nicht gepflanzt hast, dass du essest und satt werdest.« (5 Mos 6,10-11)

So fing ein veritabler *Holocaust* an, in dem eine Stadt nach der anderen angegriffen wurde und die Mörderbande »niemand übrig« ließ, wie lebhaft auf den *blutigen Seiten* in 5 Mose, Josua, Richter und anderen Büchern der Bibel beschrieben wird. Als dieser *Völkermord* vollständig abgeschlossen war, hatten sie das Land von ihren ursprünglichen Bewohnern gestohlen, und es diente fortan ihren eigenen Zwecken.

Ist das ein liebevoller und friedliebender Gott wie derjenige, den Jesus »Vater« nennt? Natürlich nicht!

Jahwehs ungeheuerliche Grausamkeit

Jahweh demonstrierte seine Grausamkeit schon, als sie durch den Sinai wanderten. So wird in 4 Mcs 16,35-49 erwähnt, dass er 250 Männer tötete als Bestrafung für ein Räucherwerk. Das Volk protestierte, und dafür ließ er gleich noch 14.700 Menschen sterben. Oder in 4 Mos 31,14-18:

»Und Mose ward zornig über die Vorgesetzten des Heeres, die Obersten über tausend und die Obersten über hundert, die von dem Kriegszuge kamen; und Mose sprach zu ihnen: Habt ihr alle Weiber am Leben gelassen? ... So tötet nun alles Männliche unter den Kindern, und tötet alle Weiber, die einen Mann im Beischlaf erkannt haben; aber alle Kinder, alle Mädchen, welche den Beischlaf eines Mannes nicht gekannt haben, lasst euch am Leben.«

Warum sollten alle diese Mädchen leben dürfen? Zweifellos für sexuelle Dienste ...
Und hier finden wir noch einige Beispiele:

»Da gewannen wir zu der Zeit alle seine Städte und verbannten alle Städte, Männer, Weiber und Kinder und ließen niemand übrigbleiben [überleben]. Allein das Vieh raubten wir für uns und die Ausbeute der Städte, die wir gewannen.« (5 Mos 2,34-35)

»Samaria wird wüst werden, denn sie sind ihrem Gott ungehorsam; sie sollen durchs Schwert fallen, und ihre jungen Kinder zerschmettert und ihre schwangeren Weiber zerrissen [aufgeschlitzt] werden.« (Hosea 13,16)

»Ich will sie zerschmettern; sie sollen mir nicht widerstehen und müssen unter meine Füße fallen.« (Psalm 18,38)

»Du wirst sie machen wie einen Feuerofen, wenn du dreinsehen wirst; der HERR wird sie verschlingen in seinem Zorn; Feuer wird sie fressen. Ihre Frucht [Kinder] wirst du umbringen vom Erdboden und ihren Samen von den Menschenkindern. Denn sie gedachten dir Übles zu tun und machten Anschläge, die sie nicht konnten ausführen. Denn du wirst machen, dass sie den Rücken kehren [fliehen]; mit deiner Sehne [mit Pfeilen] wirst du gegen ihr Antlitz zielen.« (Psalm 21,9-12)

»Wohl dem, der deine jungen Kinder nimmt und zerschmettert sie an dem Stein!« (Psalm 137,9).

Das sind nur einige wenige Beispiele für Ungeheuerlichkeiten in der Bibel. Es gibt so viele Abschnitte dieser Art, dass man allein darüber ein eigenes Buch schreiben könnte. Ich verweise diesbezüglich auf den äußerst gelehrten Karlheinz Deschner und den ersten Band seiner *Kriminalgeschichte des Christentums*. Besonders lesenswert ist in diesem Zusammenhang auch *Jehovah Unmasked!* von Nathaniel Merritt. Er schreibt in seinem Buch:

»Die Menschen sind Opfer einer Rasse von Elohim/Archonten oder ›Göttern‹, die dieses materielle Universum sowie die Menschheit aus besudelter vorexistenter Materie gefertigt haben. ›Am Anfang erschufen die Götter die Himmel und die Erde‹ (1. Mose 1,1). Und die Menschen sind noch heute in ihrem Besitz. Um die Kontrolle über die Menschen und diese Erde als unser Verlies aufrechtzuerhalten, haben die Elohim die Erde zu einer ewigen Quelle von endlosen Streitigkeiten zwischen Menschen gemacht. Sie haben Religionen erschaffen und geistige Irreführungen gefördert, um uns gegenüber der Wirklichkeit blind und untereinander in Kampf und Krieg zu halten, und sie haben die Erde zu einem Ort von erbarmungs- und sinnlosem physischen und mentalen Leid und Streit gemacht. Dieser jämmerliche Zustand ist schon seit einem Anfang da, der im Dunst der Vorgeschichte verloren gegangen ist.«

Ist es nicht offensichtlich, dass Jahweh, der über das Volk in einem Land herrschte und nun die ganze Erde beherrschen will – auch durch Kirchen, die ihn als ihren »Gott« angenommen haben –, sich selbst in dieser Weise *disqualifiziert*? Wenn er sagt: »Du sollst keine anderen Götter neben mir haben« (2 Mos 20,3), bedeutet es dann, dass es keine anderen gibt, oder ist es ein *Konkurrenzverbot*? Nach dem Motto: »Es gibt andere Götter, aber ich soll euer einziger Gott sein und ihr sollt mit den anderen nichts zu tun haben.«

Das Land Kanaan war ein wesentlicher Teil des »Gelobten Landes« und bewohnt von Menschen, die aus mesopotamischen Quellen wichtige Wahrheiten kannten. Die religionsgeschichtliche Forschung hat das aufgedeckt, und auch Ausgrabungsbefunde, die viele Inschriften offenbarten, trugen dazu bei. Enlil/Jahweh stand mit diesen Quellen in Zusammenhang, und er wollte, dass solche Wahrheiten verborgen bleiben, um sich selbst weiter als ursprünglicher Gott darstellen zu können. Das mag ein Grund sein, weshalb die Hebräer in seinem Dienste das Volk in dem Land, zu dem sie geführt worden waren, ausrotten sollten.

Tatsächlich waren die Hebräer schon lange vorher aus der Stadt Ur in Sumer/Chaldäa zum Land Kanaan geführt worden (1. Mose 11,28-31, vgl. 1. Mose 15,7), wo sie offenbar mesopotamisches Wissen bewahrt hatten. Viele davon hat man später wegen einer Hungersnot nach Ägypten geführt (1. Mose 12,10). Dort wurden sie wie zweitklassige Menschen behandelt, und Jahweh nutzte ihre Misere, um sie viel später zurück nach Kanaan zu führen und so zu »befreien«, auch wenn sie dort auf sein Geheiß Nachkommen ihrer eigenen Vorfahren töten mussten, also ihre eigenen Verwandten.

Hat Jahweh das alles inszeniert, um auf diese Weise altes Wissen durch »Massengehirnwäsche« zu beseitigen? War es eine Art ethnischer Säuberung?

Was Jesus betrifft, ließ Jahweh ihn töten, weil dieser die Menschen Wissen lehrte, das sie nicht haben sollten. Im *Evangelium der Wahrheit*, einem gnostischen Text, in dem Jahweh als »*Irrtum*« bezeichnet wird, weil seine »Geburt« als Jaldabaoth für einen Irrtum gehalten wurde, steht:

>»Dies ist das Evangelium dessen, nach dem man sucht, welches geoffenbart wurde denen, die vollkommen sind durch die Gnadenerweise des Vaters, das verborgene Mysterium, Jesus Christus. Durch dieses hat er die erleuchtet, die in Finsternis waren durch das Vergessen. Er erleuchtete sie; er zeigte [ihnen] einen Weg. Dieser Weg aber ist die Wahrheit, die er sie lehrte. Deswegen hat der *Irrtum* seinen Zorn gegen ihn erhoben, er hat ihn verfolgt, er hat ihn gequält, er hat ihn vernichtet. Er wurde an ein Holz genagelt.«

Der Vampir Jahweh ist süchtig nach Blut

*D*as Alte Testament ist voll von horriblen Geschichten über Massenmorde und Blutvergießen (s. die Referenzen). Wie kann es sein, dass Jahweh so süchtig nach Blut ist? Schauen wir uns dazu einmal den Fluss von Lebensenergie in der Schöpfung an!

Es ist offensichtlich, dass (erstens) Licht Leben ist und Leben Licht und dass (zweitens) alle Lebensformen zum Existieren und Bestehen eine Ernährung mit Lichtenergie brauchen. Das lebendig machende Licht ist das Licht des wahren Schöpfers, und selbst Jahweh ist für seine Existenz davon abhängig. Jedoch will er sich völlig von diesem Licht trennen und hat es mit einer Art niederdimensionalem luziferischen Licht schon vergeblich versucht. Deshalb ernährt er sich jetzt von uns und anderen biologischen Lebensformen in der Schöpfung durch das Blut.

Das Licht des Lebens fließt für uns unsichtbar in unserem Blut, und aus diesem Grund schreibt die Bibel auch das Schächten vor (vgl. 5 Mos 12,21: »... so, wie ich dir geboten habe«, ohne direkte Beschreibung des »Wie«). Schächten bedeutet: Wenn ein Tier geschlachtet wird, soll seine Kehle aufgeschnitten werden, damit das Blut hinausläuft. Wesenheiten wie Jahweh und seine Archonten ernähren sich von der für uns unsichtbaren Lebensenergie im Blut. Das Blut ist für sie und das Fleisch für die Menschen. Im sumerischen Gilgamesch-Epos gibt es eine Szene, die bildhaft wesentlich mehr als ihre Wörter sagt: »Die Götter nahmen den Geruch wahr, den lieblichen Geruch, und versammelten sich wie die Fliegen über dem Opferfleisch.«

Die Quelle für dieses lebendig machende Licht ist die Sonne (vgl. Anhang 1). Pflanzen ernähren sich vom Sonnenlicht und verbinden es mit Kohlendioxid und Substanzen aus der Erde. Menschen und Tiere ernähren sich von Pflanzen und ihren Früchten und gelangen dadurch an Lebensenergie. Noch immer ernähren sich zwar viele Menschen vorwiegend von Tieren, aber die Tiere haben Pflanzen gegessen, so dass diese Menschen indirekt an Lebensenergie kommen. Bestimmte Entitäten, die nicht in unseren drei Dimensionen leben, ernähren sich entsprechend von Menschen ... Jahweh will aber dieses letzte Glied in der Nahrungskette herausbrechen und sich von seinem Schöpfer völlig unabhängig machen. Was wird dann geschehen?

Bezugnehmend auf eine Vision von John C. Lilly in seinem Buch *Der Scientist* (S. 147-150) dürfte Jahwehs endgültiges Ziel die Künstliche Intelligenz und Robotik sein. Er braucht uns noch zur Entwicklung der Künstlichen Intelligenz und robotischen Systeme, aber sobald diese Systeme unabhängig werden und ein Netzwerk rund um die ganze Erde besteht, kann er sich in dieses Netz inkarnieren (oder »inmaschinieren«). Danach wird er kein biologisches System mehr benötigen und es in all seinen Formen eliminieren. Die Menschheit hat dann ihren »Dienst« geleistet und ihre Schuldigkeit getan und kann abdanken. Die Erde wird fortan ein toter Planet sein, auf dem Leben technologisch simuliert wird, funktionell von Nuklearanlagen und Ähnlichem mit Energie gespeist für Reparatur, Umbau und Entwicklung des eigenen Systems und seiner Untersysteme.

Und doch wird Jahweh nach Tausenden oder auch erst Millionen von Jahren erleben müssen, dass solche Energiequellen sich schließlich unausweichlich erschöpfen. Kein solches System kann ewig funktionieren!

Menschliche Grausamkeiten

Angeleitet durch die psychopathische Grundstruktur von Jahwes verborgener Herrschaft hat sich die Menschheit in einem unvorstellbaren Ausmaß zu unsagbar schrecklichen Gräueltaten verführen lassen. Der Holocaust im zwanzigsten Jahrhundert ist nur ein Beispiel, der kanaanitische Holocaust ein anderes. Heute spiegelt sich das im Satanismus, der sich wie eine soziale Psychopandemie verbreitet hat, zweifellos inspiriert von archontischen und ähnlichen Entitäten. Viele Menschen, in einer Zahl, die man noch vor Kurzem nicht für möglich gehalten hätte, gehören satanistischen Orden an und üben schreckliche Rituale aus, zu denen die Opferung von Kindern gehört. Dabei werden diese Kinder missbraucht, getötet und sogar *gegessen!*

Was steckt hinter einem solchen kannibalistischen Ritual? Welche Absicht wird damit verfolgt? Mittlerweile ist es bekannt. Neben dem ganz persönlichen Sadismus geht es um die Gewinnung einer Substanz, die Adrenochrom genannt wird. Das ist ein Hormon, das für ein geheimes Unsterblichkeitsserum gehalten wird, obwohl es das meiner Vermutung nach nicht wirklich ist, aber es steigert die Kraft, das rationale Bewusstsein, erst recht den Egoismus und führt zu den wildesten Rauschzuständen. Es wird aus dem Adrenalin hergestellt, das der Körper unter extremen Zuständen wie *Angst, Grauen und Schmerz* freisetzt, und das ist auch das Ziel der entsprechenden Behandlung des Opfers. Danach kann dieses Hormon, das sich durch die Blutbahn und das Körpersystem verbreitet hat, *verzehrt* werden ... *getrunken* oder *gegessen* ...

Es gibt historische Fälle, die sogar im Vergleich zum Holocaust dermaßen schlimm sind, dass sie nur dem krankhaftesten Denken entsprungen sein können, wie der Holodomor (»Tod durch Hunger«) in der Ukraine, dem 1932/1933 mehrere Millionen Menschen zum Opfer fielen. Furchtbare extreme Horrorereignisse werden beschrieben in *The BIGGEST Truth Bomb EVER!* Es gehört zum **Grauenhaftesten**, das ich jemals gesehen habe! Nur für stabile Nerven! Das ist offensichtlich eine *Realität des äußersten Bösen!* Kann man das auf etwas anderes beziehen als auf SATAN?

Wenn das wahr ist, und es scheint wahrhaftig wahrer zu sein als wir wollen, wie wäre Ihre Einstellung dazu? Wegschauen und den Kopf in den Sand stecken?

Würden Sie sich dann besser fühlen, obwohl es weiterhin Menschen gibt, die durch die schlimmsten Horrorerlebnisse gehen? Oder würden Sie irgendwie darauf reagieren und etwas dagegen tun wollen, wenn Sie können?

Wie wir gesehen haben, kann das *Böse* bis zum Anfang der Schöpfung zurückverfolgt werden, wo an irgendeiner Stelle etwas falsch lief und ein Strang von Ereignissen sich zu entwickeln begann, der nie hätte geschehen dürfen und zu schweren Prüfungen für die Menschheit führte, so dass niemand ganz frei von Schuld ist. Ist es nicht unsere Pflicht, die Fakten ins Auge zu fassen, in der Absicht, etwas zu finden, was wir dagegen tun können? Aber was können wir tun?

Wir können Stellung beziehen *gegen* Satanismus, und wenn Jahweh der Satan *ist* (oder mit ihm verbunden), dann auch gegen ihn. Was ist dann die Alternative? CHRISTUS! Gibt es eine andere? Christus ist ein unsterbliches, immerwährendes Konzept der Liebe, ein energetischer Strom, nicht der falsche Christus der Kirche (mit seinem verfälschten Jesusbild), sondern der wahre Christus, der uns den wahren Jesus als Botschafter sandte, der dann durch Jahweh getötet wurde, so dass er das wahre Christentum durch ein gefälschtes ersetzen konnte. Und wo finden wir den wahren Christus? In uns selbst, aber auch im sogenannten Gnostischen Christentum, das seine Wurzeln im inneren Kreis um Jesus hat. Das Wissen hierüber wurde mirakulös versteckt, um in der heutigen Zeit erneut gefunden zu werden (in Nag Hammadi). Es ist heute wieder zugänglich! Es sieht ganz danach aus, als wäre dieses Wissen durch göttlichen Willen heimlich durch schwere Zeiten, in denen es sonst hätte in Vergessenheit geraten können, hinübergerettet worden, so dass die Menschheit es nun in einer sich nähernden Endzeit wieder zur Verfügung hat.

Wäre denn der Atheismus eine Alternative? Darin ist so viel Raum für Böses wie für Gutes. Christus wurde *gut* erschaffen (als Liebe des Urschöpfers). Darum erscheint mir der Atheismus auch nicht als geeignete Alternative.

Oder eine polytheistische Religion wie der Hinduismus oder der nordische Ásatrú? Diese Religionen kommen mir vergleichsweise friedlich vor. Oder der Islam? Gibt es dort nicht ebenso viel Gewalt wie im Jahwismus?

Einige Leser mögen sich nun vielleicht fragen, wie die Anunnaki und ihr Planet X eigentlich in all das hier hineinpassen. Nun, wir sind ihnen auf der Spur. Mesopotamische Texte wie *Enuma Elish* legen nahe, dass während einer sehr langen Zeit, nachdem Jaldabaoth sich als Jahweh darstellte, er sein Reich in einer anderen Region des Universums errichtete, außerhalb unseres Sonnensystems, das dann von Enlil, Enki & Co. bevölkert wurde.

Ein ziemlich bemerkenswertes Buch von Anthony F. Sanchez, *UFO Highway* (2011), behauptet zu wissen, wo die Anunnaki oder ihre Vorfahren ihren Ursprung haben: auf einem Planeten des Doppelsternsystems Sirius. Wenn das wahr ist und nicht bloß eine Erfindung, hat dort einst ein Volk von »Göttern« gelebt, die später die Anunnaki »erschufen«. Diese »Götter« haben dann unser Sonnensystem entdeckt und kamen vor Jahrmillionen hierher. Man weiß nicht, warum sie Sirius verließen. Zuerst ließen sie sich auf dem Mars nieder, wo ihre Kolonie durch den Aufprall eines Asteroiden größtenteils zerstört wurde, weshalb sie sich dann vor 350.000 Jahren zur Erde retteten. Hier entwickelten sich angeblich die Anunnaki vor 250.000 Jahren.

Wie dem auch sei, es erscheint sinnvoll, den Ursprung der Anunnaki außerhalb unseres Sonnensystems zu suchen, und es erscheint sinnvoll anzunehmen, dass sie aus einem bestimmten Grund hierher kamen: Sie wollten uns invadieren und sich unseren Teil des Universums als einen Bereich einzuverleiben, der ihr Besitz sein sollte. Der Ursprung von all dem könnte sehr wohl Jahweh mit seinen Archonten und dunklen Engeln gewesen sein. Es ist nicht zu übersehen, dass Enlil und Jahweh bemerkenswerte Ähnlichkeiten haben ...

Nun mag man sich fragen, wie es wohl möglich sein kann, dass es bereits früh in der Schöpfung eine Wesenheit (Satanael) gibt, die sich zum Bösen entwickelt. Da müsste doch das Böse in der Schöpfung von Anfang an inhärent gewesen sein, damit es sich wesenhaft manifestieren kann. Aber fragen wir uns doch: »Wie wäre es, wenn es das Böse nicht gäbe?« Diese Frage, ob bewusst oder unbewusst, könnte zu einer Antwort führen. Eine solche Antwort wäre natürlich das Gegenteil von positiv. Kann es sein, dass das Böse sich manifestierte, damit etwas Negatives als Gegenpol in Erscheinung tritt? Schöpferisch gesehen wäre das denkbar, denn es geht um die Manifestation von Gedanken. Neutrales spaltet sich in Dualität. Zu allem Guten gibt es auch Ungutes. Und vielleicht braucht es sogar Ungutes, um das Gute als gut zu erkennen.

Nun hat wohl Satanael offenbar Gefallen am Unguten gefunden, weil es sein Ego befriedigt – durch Macht auf Kosten anderer. Als Jahweh hat er es dann woanders ausprobiert, und viele »Engel« folgten ihm. Dadurch manifestierte sich eine Gegenwelt zu Gottes Lichtwelt, in der Seelen erfahren konnten, dass die Folge von egohaftem Handeln Verderben ist … zuerst von anderen, dann von einem selbst, da man den Schaden später selbst durchleben muss, den man anderen zufügt – als Karma. Das egohaft-rationale Ich erkennt das nicht, wenn es in einer Inkarnation ist, aber die Seele erhält Einblick in sein Konto nach dem Tod und geht dann in ein neues Erlebnis mit umgekehrten Rollen. Dadurch lernt sie, so etwas nicht wieder zu tun, denn jeder Vorteil auf Kosten anderer wird auf das Konto aufgerechnet. Klagelieder 3,39: »Was beklagt sich der Mensch? Es hätte sich wahrlich jeder über seine Sünde zu beklagen!«

Es ist allerdings bemerkenswert, dass die meisten Filme und Unterhaltungsprogramme, die in Richtung Science-fiction gehen, außerirdische Zivilisationen als äußerst kriegerisch darstellen. Gewalt, Krieg, Versklavung in fast jeder Form. Zum Beispiel die *Star-Wars*-Filme. Das mag für fantasievolle Geschichten so weit annehmbar sein, aber es zeigt auch, dass wir alle auf so etwas eingestellt sind – was ja auch der Geschichte unserer Menschheit entspricht. Jedoch zeugen Informationen über wirkliche Zivilisationen auf anderen Planeten, soweit solche überhaupt vorliegen (historische Tatsachen längst vergangener Zeiten, die mit Besuchen von Fremden auf unserer Erde zu tun haben könnten, Entführungserlebnisse, paranormale Informationen), davon, dass uns gegenüber fremde Zivilisationen scheinbar nur selten, wenn überhaupt, wohlwollend sind. Auch wenn man hier die Spreu vom Weizen trennt, lässt sich ein Bild von einem höchst kriegerischen multistellaren Kosmos erahnen, wozu unter anderem die militanten Anunnaki und die in der *Mahabharata* beschriebenen großen Kriege gehören. Gilt das dann allgemein für das ganze Universum? Oder nur für eine Region, die allerdings weit über unser Sonnensystem und wahrscheinlich auch einen großen Teil unserer Galaxis hinausgeht? Vielleicht eher für die Region, in der vom Schöpfergott abgewandte Völker leben.

Es muss doch auch Regionen geben, in denen Frieden, Wohlwollen, Liebe und Mitgefühl vorherrschend sind! Sind wir von ihnen abgeschnitten? Das wäre äußerst bedauerlich, aber es sieht doch ein wenig danach aus.

Man mag sich daher fragen, ob eine Wiederkunft Christi überhaupt denkbar ist, ohne dass das alles erst zusammenbricht, um einen Neuanfang zu ermöglichen.

Der Dualismus von Gut und Böse

Es scheint eine Meinung zu geben, wonach Gut und Böse gewissermaßen zusammengehören, als brauche es eine Art Ausgewogenheit der beiden. Frieden wäre ein Gleichgewichtspunkt, eine Art Neutralität zwischen ihnen. Ist das so? Wer würde es so haben wollen? Der Schöpfergott? In seiner Schöpfung entstand etwas Wesenhaftes, das sich mit der Zeit zum Bösen wendete: Satanael. Was ist dann eigentlich böse? Ein Kriterium sind sicher selbstsüchtige Vorteile auf Kosten anderer, die für die eigene Befriedigung bezahlen müssen. Was für eine Befriedigung? Das könnte alles sein, von der Macht über andere, die uns dienen sollen, bis zum Erleben, wie die eigene Macht andere leiden lassen kann. Das Spektrum der Rücksichtslosigkeit geht bis zu Wohlstand und sinnlichen Freuden sowie Egoismus, Ignoranz, Vernachlässigung und Zerstörung.

Böses verbindet man mit bewusstem Fehlverhalten, Diskriminierung, um damit anderen absichtlich zu schaden, Demütigung von Menschen, um ihre psychologischen Bedürfnisse und ihre Würde abzuwerten, zerstörerisches Verhalten und Ausübung von unnötigen und willkürlichen Gewalttaten. Man möge auch behaupten wollen, dass eine »Bestrafung« nötig sein könnte, die dann als böse erlebt wird. Bestrafung wofür? Für etwas Böses, das er oder sie getan hat, also den Teufel durch Beelzebub austreiben. So gerät man ja in einen Teufelskreis ...

Wenn der *Höchste Gott* ein Universum erschuf, das gut sein sollte, und darin dann etwas Böses entstand, wie konnte das sein? Müssen wir nicht annehmen, dass dies bereits der Schöpfung innewohnte als ein »negativer Samen«, der sich manifestierte? Der Samen zu etwas, das einfach eine *Möglichkeit* ist, dessen Wachsen weder erwartet noch erwünscht war? Ein solcher Samen könnte sein, dass man sich für jedes Gute fragt: »Wie wäre es ohne das, wenn es *nicht* da wäre?« Die Frage allein könnte schon eine Antwort entstehen lassen, die uns nicht gefällt, eine Antwort, die wir nicht verwirklicht sehen wollen, sondern nur einen theoretischen Stellenwert hat. Eine solche Antwort wäre nur einen Moment lang gewollt und dann nie wieder. Was könnte sie trotzdem an uns haften lassen und warum? Offensichtlich, dass jemand daran Gefallen fand, wie eine Art von »Masturbation« seiner eigenen Selbstüberschätzung.

Über Dämonen und Geistwesen

*A*uch wenn das Multiversum der Schöpfung viele Dimensionen und Welten beinhaltet, die wir nicht wahrnehmen können, ist es doch eigentlich klar, dass es auch dort Leben geben wird, sogar in Formen, die wir uns nicht gut vorstellen können. Bedauerlicherweise wollen manche Menschen jene Außerirdischen und Außerdimensionalen pauschal für Dämonen halten, obwohl es dort mit ziemlicher Sicherheit auch gute und uns gegenüber wohlmeinende Wesenheiten geben dürfte. Vielleicht halten sie *uns* sogar für dämonisch, weil sich Erdenmenschen seit uralten Zeiten moralisch primitiv, übel, kriegerisch und grausam verhalten. Hier die Spreu vom Weizen zu trennen ist wahrlich nicht einfach, weil uns der Einblick in ihre Welten fehlt, und doch gilt es dies ebenfalls zu bedenken! Es gibt schließlich auch Engel ...

Referenzen

- Das Apokryphon des Johannes in *Bibel der Häretiker*, übersetzt von Gerd Lüdemann und Martina Janßen, Radius, Stuttgart 2003; auch http://www.gerd-albrecht.de/Die%20Gnostischen%20Schriften/Das%20Apokryphon%20des%20Johannes.htm.
- Zu den Namen Gottes: https://www.namengottes.ch/de/53/gott-der-hoechste und https://en.wikipedia.org/wiki/Elyon.
- Zu *Tsimtsum*: https://en.wikipedia.org/wiki/Tzimtzum und https://anthrowiki.at/Zimzum
- *Occult World* über Satanel: http://occult-world.com/demons/satanael-satanail/
- *The Book of Adam*: http://www.pseudepigrapha.com/pseudepigrapha/TheBookOfAdam.htm.
- *Interrogatio Iohannis*: http://gnosis.org/library/Interrogatio_Johannis.html
- *Die Bücher der Geheimnisse Henochs*, hrsg. von G. Nathanael Bonwetsch, Leipzig J. C. Hinrichs'sche Buchhandlung 1922: auch: https://ia802205.us.archive.org/0/items/diebcherdergeh00leip/diechercherdergeh00leip.pdf.
- Karlheinz Deschner: *Kriminalgeschichte des Christentums* Band 1, Rowohlt Verlag, Reinbek bei Hamburg 1986
- Nathaniel Merritt: *Jehovah Unmasked!*: https://thegodabovegod.com/wp-content/uploads/2016/12/Jehovah-Unmasked.pdf.
- *Evangelium der Wahrheit*: https://web.archive.org/web/20071222052440/http:/wwwuser.gwdg.de:80/~rzellwe/nhs/node20.html, auch: http://www.gerd-albrecht.de/Die%20Gnostischen%20Schriften/Das%20Evangelium%20der%20Wahrheit.htm.
- Cruelty and Violence in the Bible: https://www.skepticsannotatedbible.com/cruelty/long.html

- Proof that Yahweh is Satan: https://thetruthrevolution.net/proof-that-yahweh-jehova-is-satan/, auf Deutsch *Die Bibel ist grausam und menschenverachtend*: https://www.philoclopedia.de/2017/08/05/die-dunklen-seiten-der-bibel
- Schächten: https://de.wikipedia.org/wiki/Sch%C3%A4chten
- Gilgamesch: https://creation.com/noahs-flood-and-the-gilgamesh-epic-german
- John C. Lilly: *Der Scientist*, Goldmann Verlag, München 1986, oder im Original: *The Scientist*, Ronin Publishing, Berkeley, CA, 1997, p. 147-150
- Adrenochrom: https://de.wikipedia.org/wiki/Adrenochrom
- Holodomor: https://www.deutschlandfunkkultur.de/anne-applebaum-ueber-die-hungersnot-in-der-ukraine-1932-es.1270.de.html?dram:article_id=448803
- Holdomor genocides: https://holodomorinfo.com/2016/03/19/the-holodomor-genocides
- The BIGGEST Thruth Bomb EVER!: https://drive.google.com/file/d/1C9OdDeUdi1B9rjz-2tFQM8v_bn4AfDEA/view
- *UFO Highway*: https://ufohighway.com. – Man hat behauptet, dass es ein »Hoax« – ein übler Scherz – sei, aber es ist auch einiges zu finden, das die Aussagen bestätigt. In jüngster Zeit hat man über Indizien dafür berichtet, dass es auf dem Mars tatsächlich eine Zivilisation gegeben hat, die durch eine Katastrophe ausgelöscht wurde, sowie über Indizien für Nuklearexplosionen in uralten Zeiten.
- Gut und Böse: https://en.wikipedia.org/wiki/Good_and_evil.

Sind denn nun Anunnaki auf der Erde?

$\mathcal{E}$s gibt eigenartige Berichte, die diese Frage aktuell stellen. Zum Beispiel die folgende (gekürzte) Aussage von Putin in einer Rede vor dem russischen Ministerkabinett am 10. Januar

2020 anlässlich eines iranischen Angriffs auf amerikanische Militäranlagen im Irak:

»Ich nahm sofort mit dem Ayatollah Kontakt auf und teilte ihm mit, dass ich zwar mit der Anwesenheit von amerikanischen Truppen in der Region nicht einverstanden bin, aber sie anzugreifen ... könnte fremde Arten verärgern, [nämlich] die Anunnaki in der Region. Man antwortete, dass ›die Dinge bereits ihren Lauf genommen haben‹, und sie könnten nicht umgekehrt werden. ... Ich sagte Präsident Trump, dass die Anunnaki in der Region das iranische Territorium als heiligen Boden betrachten und herauszufordern ihn in einen Krieg führen könne, für den seine Nation schlecht vorbereitet sei. Ich erzählte ihm von unseren eigenen Auseinandersetzungen mit ihnen und wie wir massive Verluste erlitten hatten bei Angriffen auf diese abscheulichen Monster in Syrien. Ich informierte ihn darüber, dass unsere Geheimdienste mit einer Technologie ausgerüstet sind, die wirksam im Kampf gegen Anunnaki eingesetzt werden kann, aber sie sind noch nicht bereit, gegen den Hexenkessel im Iran einzuschreiten. Ich bat ihn im Namen der Menschheit, nicht auf den iranischen Angriff zu reagieren. Präsident Trump sagte, dass er sich meine Worte überlegen und die Situation mit den Sekretären von Verteidigung und Staat besprechen werde. Wie wir nun wissen, hat er meinen Rat ernst genommen und eine ansonsten unaufhaltbare Eskalation im Anunnaki-Konflikt verhindert.«

Gemäß einer anderen Meldung hätten russische Truppen syrische Funkgespräche aufgefangen über Zeugenberichte, dass man in syrischen Dörfern »groteske, sehr lange Monster mit glänzender Haut« gesehen habe, die nachts durch die Straßen streunen und sich von Kriegsopfern ernähren. Als sie dem nachgingen, hätten russische Truppen zwei Kilometer nördlich von den Ölfeldern bei Al-Jazim eine Anunnaki-Höhle entdeckt.

Scheinbar wissen die Russen jetzt, dass Anunnaki auf der Erde sind, und man rechnet damit, dass sie dies öffentlich bekannt geben werden.

Da schütteln jetzt viele bereits intensiv den Kopf über »Verschwörungstheorien«, aber wie schon mehrfach erwähnt, ist es natürlich völlig undenkbar, dass wir Erdenbewohner die einzige Zivilisation in einem unfassbar großen Kosmos sind. Es kann ja gar nicht anders sein, als dass es eine große Zahl von Zivilisationen da draußen gibt. Manche Erdenmenschen sind noch nicht bereit, den Kopf aus dem Sand zu ziehen, und meinen, dass wir niemals Besuch von dort haben könnten, weil sie ja im wahrsten Sinne des Wortes astronomisch weit weg sind. Sie meinen also, dass wir hier auf der Erde am höchsten entwickelt sind, und können sich nicht vorstellen, dass es andere Zivilisationen gibt, die uns weit voraus sind und uns noch verborgene Dimensionen als ihre »Heimat« betrachten, wodurch Weltraumreisen kein Thema für sie sind.

Hier ist »unmöglich« wirklich unmöglich und »möglich« ist möglicher, als sich manche denken mögen. Erst recht angesichts der vielen Meldungen über Nibiru im Internet.

Was wollen die Anunnaki hier?

Die mesopotamischen Schriften und andere uralte Texte zeugen davon, dass vor Jahrtausenden die Anunnaki besonders das Gebiet vom Nahen und Mittleren Osten besiedelten und kontrollierten. Es wird auch berichtet, dass während des Irak-Kriegs amerikanische Truppen dort aufbewahrte Schrifttafeln und archäologische Funde mit sich nahmen. Wenn es zutrifft, dass man in den USA in unterirdischen Anlagen heimlich mit den Anunnaki zusammenarbeitet, geschieht das sicher in ihrem Sinne. Es wird auch heute noch unter Wüstensand und in entlegenen Berggegenden eine große Menge von nach wie vor verborgenen Überbleibseln aus jener Zeit geben, und die Anunnaki wollen da sicher ihre eigene Vorgeschichte für sich aufdecken, sie uns aber möglichst verheimlichen.

Zeitlinien – spektakulär!

Im Zuge der Quantenphysik entwickeln sich Theorien von einem Multiversum mit sehr vielen anderen Universen als bisher bekannt, aber gleichzeitig von parallel verlaufenden Zeitlinien für eine große Zahl verschiedener Zeitabläufe, die parallel oder sich überkreuzend stattfinden. Es gibt demnach nicht nur *eine* Vergangenheit, sondern sehr viele, und damit auch eine unüberschaubare Menge von Zukünften. Sonderbare Berichte erwähnen Erlebnisse, die man mit dem Wechsel von einer Zeitlinie zu einer anderen und zurück erklären könnte.

Ob wir nun diese Zeitlinie fortsetzen, in der wir uns gerade befinden, oder einige von uns zu einer anderen Linie wechseln werden, ist etwas, worüber wir nur spekulieren können. Das dürfte sehr wahrscheinlich davon abhängen, was wir glauben, denken und fühlen. Bekanntlich zieht Angst die Gefahr an, und wenn wir eine bestimmte Entwicklung fürchten, werden wir vielleicht erst recht in sie hineingezogen. Gerade in der heutigen Zeit dürfte es besonders viele Möglichkeiten geben, weil offensichtlich eine Endzeit angefangen hat, worin sich dunkel und hell trennen und die dunklen Mächte endgültig besiegt werden können. Darauf käme endlich eine lichtvolle Zukunft mit der Wiederkunft der Herrschaft des wahren göttlichen Lichtes auf der Erde, was wie die »Wiederkunft Christi« erlebt werden wird, Jahrtausende ersehnt und durch das Ausmisten finsterer Mächte und Wesenheiten ermöglicht.

Ob dann noch irgendwo in der »äußeren Finsternis« eine dunkle Zeitlinie übrig bleibt und wir immer noch dort landen, in einem rudimentären Rest der Dunkelwelt, oder in immer hellere Dimensionen weitergehen, ist sicher unsere eigene Wahl. Wer sich an dunklen Machenschaften beteiligt, wird wohl in einen Mahlstrom hineingezogen werden, wer sie nur beobachtet und zur Kenntnis nimmt, eher nicht. Wahrheit ist Wahrheit, ob wir sie mögen oder nicht, und wer hinreichend Bescheid weiß, ist eher vorbereitet und wird weniger leicht übel überrascht.

Allerdings ist es wichtig, dass wir uns positiv ausrichten und hinter all der Dunkelheit stets das Licht im Blick behalten. Besonders wichtig wird es sein, sich zum wahren Christus und seinem Botschafter Jesus zu bekennen, unter Abstandnahme von den gefälschten Versionen im trüben Dunst der paulinischen Kirche.

Referenzen

- Aufklärendes Video (ab 0:42): https://youtu.be/lLLn_t0ItXY.
- Georgia Guidestones: https://en.wikipedia.org/wiki/Georgia_ Guidestones.
- Taktische »Kreuzung« der Coronakrise mit Klimakrise: https://www.corbettreport.com/coronavirus-and-climate-change-propagandawatch
- Zur Sterblichkeitsfrage: https://www.bloomberg.com/news/articles/2020-03-18/99-of-those-who-died-from-virus-had-other-illness-italy-says; https://www.winterwatch.net/2020/03/data-from-china-shows-the-majority-of-people-with-covid-19-only-suffer-mild-symptoms-then-recover.
- Militärische Bedrohungen: https://www.theguardian.com/world/2020/feb/24/limited-nuclear-war-game-us-russia; https://www.voltairenet.org/article209437.html; https://theduran.com/us-nukes-reported-delivered-to-poland und https://moderndiplomacy.eu/2018/03/17/new-american-russian-conflict-a-confrontation-beyond-cold-war.
- Zum Dritten Weltkrieg: https://theinternationalforecaster.com/topic/international_forecaster_weekly/wwiii_has_begun.
- Putins Rede: https://web.archive.org/web/20200122001609/https://www.twistedtruth.net/featured/putin-addressed-cabinet-of-minister-on-anunnaki-in-iran-full-transcript/
- US Special Forces in Syrien und die Anunnaki: https://web.archive.org/web/20200127044634/https://www.twistedtruth.net/featured/u-s-special-forces-thwart-russian-attack-on-anunnaki und http://syria.trendolizer.com/2020/01/nibiru-and-the-anunnaki-of-syria.html
- Anunnaki auf der Erde: https://www.ibtimes.sg/annunaki-aliens-nibiru-are-here-earth-russia-knows-it-claims-conspiracy-theorist-25812 und https://yoo.rs/c65008f2e24d0bc4c5b4281e0cc9e574/quickpost/anunnaki-1573678962.html und https://www.nuovouniverso.it/vladimir-putin-e-pronto-ad-annunciare-al-mondo-che-gli-alieni-sono-qui-sulla-terra

Nachwort aus aktuellem Anlass

Wir stehen vor einer Weltkrise von bisher nicht gekanntem Ausmaß – wirtschaftlich, finanziell und existenziell. Zu den Zielen der Neuen Weltordnung gehört die totale Kontrolle über Finanzen, Eigentum und das Privatleben: durch Bargeldverbot und Begrenzungen in Banktransaktionen sowie eine mutwillig herbeigeführte Inflation, eine Steuerlast, die fast zwangsläufig dazu führt, dass der Bürger enteignet wird, weil er sie nicht mehr tragen kann, durch Einschränkungen der Freiheit und Aktivitäten in der Gesellschaft sowie das Verbot persönlicher Meinung.

Das Ziel ist ganz zweifellos im machiavellischen Sinne Chaos, Zusammenbruch, sozial und politisch zunehmende Unordnung und die Verbreitung von Panik, bis man erreicht hat, dass das Volk, um die Krise zu lösen, mit radikalen Maßnahmen »zu seinem Besten« einverstanden ist und so auch mit der globalen totalitären Machtübernahme durch die Neue Weltordnung.

Nun befinden wir uns in einer ersten Phase mit weltweiter Angstmache durch das Coronavirus. Was folgt danach? Überwachung, Verluste, Zensur, immer mehr einschränkende Verordnungen? Dazu »passt«, dass man aus Angst vor »Sanktionen« die Worte Coronavirus oder Covid-19 kaum mehr benutzen darf. In Dänemark wurde am 2. April 2020 sogar ein

Gesetz eingeführt, das es unter Strafe stellt, offizielle Maßnahmen gegen die »Pandemie« zu kritisieren!

Eine weitere Waffe in diesem üblen Spiel ist wieder einmal die Wetterkontrolle. Es gibt keinen Zweifel, dass man mit HAARP, Chemtrails und anderem heute in der Lage ist, das Wetter nach Belieben zu steuern. Wir erleben hier in Slowenien gerade nach einer Woche mit Temperaturen, die an meinem Wohnort bis 22 Grad anstiegen, dass die Natur aufblühte und Obstbäume im Garten bereits ausschlugen. Dann setzte jäh ein abnormer Temperatursturz ein, und für die kommenden zwei Wochen wurde Nachtfrost vorausgesagt. Das kann bedeuten, dass die Blüten erfrieren und die Bäume dieses Jahr kein Obst mehr tragen. Steckt Absicht dahinter? Die Neue Weltordnung will uns von natürlicher Ernährung abbringen, damit wir uns GMO-Produkten zuwenden, gentechnisch veränderten Nahrungsmitteln. Dazu werden Wachstumsbedingungen für natürliche Nahrungsmittel durch chemische und bodenverändernde Maßnahmen manipuliert, bis zum Verbot der Aussaat von herkömmlichem Saatgut, weil es nun GMO sein soll ... nicht nur mit Blick auf Profite dank patentierter Sorten, sondern auch, um Menschen durch diese Ernährung zu manipulieren und zu beeinflussen. Mehr Krankheiten bedeuten mehr Profit für Pharma ...

Aber bleiben wir bei HAARP. Kann es auch Erdbeben verursachen? Das wird immer wieder behauptet. Eine Beobachtung von mir weist auf so etwas hin. Ich verfolge seit Jahren die Erdbeben der Welt und beobachtete, dass wenn es irgendwo ein besonders starkes Beben gab, es auf der Insel Puerto Rico gleichzeitig oft eine Fülle zwar mäßiger aber eben sehr häufiger Beben gibt. Man kommt leicht auf die Idee eines

Rückstoßes von Energie, die in die Atmosphäre geschleudert und von dort zielsicher gesteuert wird. Auf Puerto Rico gibt es eine starke HAARP-Anlage ...

Was Epidemien angeht, ist es doch eigenartig, dass wir seit Jahrzehnten wiederholt Grippewellen erleben, seit der Pandemie von 1968/1969, die ihren Ursprung in Hongkong hatte. Sie tötete eine Million Menschen. An der Asiatischen Grippe 1956-1958 starben zwei Millionen und an der Spanischen Grippe 1918 zwanzig bis fünfzig Millionen. Erst mit der Asiatischen Grippe scheint es zu wiederholten Wellen gekommen zu sein. Die Vogelgrippe ab 1997 tötete »nur« knapp 400 Personen. Auch die Schweinegrippe (H1N1) erwies sich als weniger tödlich als angenommen, aber es starben immer noch angeblich 285.000 Menschen. Die Schätzungen verschiedener Quellen unterscheiden sich stark.

Mir kam schon damals der Verdacht, dass es sich dabei um absichtliche Virenseuchen handelte, durch die man herausfinden wollte, wie sich eine Virenpandemie in der Welt verbreitet, vermutlich als Vorbereitung für einen möglichen »Viren-Tsunami« mit der Absicht, die Menschheit abzubauen. Es ist ja schließlich das erklärte Ziel der Neuen Weltordnung, die Bevölkerungszahl der Menschen unter eine halbe Milliarde zu bringen.

Außerdem brachten diese Epidemien der Pharmaindustrie unfassbare Profite durch Impfstoffe und teure Medikamente, etwa durch das nebenwirkungsreiche Tamiflu von Roche, von dem einige Staaten riesige Vorratsmengen horteten, nur um sie nach Erreichen des Ablaufdatums zu vernichten. Und die Impfstoffe enthielten auch enorme Mengen von »Adjuvantien«, Wirkungsverstärkern, mit geheimen Nebenwirkungen wie Fruchtbarkeitsverringerung zur Verminderung des Bevölkerungswachstums sowie Aluminium- und Fluorverbindungen mit dem Ziel der Reduzierung des IQ in der Bevölkerung, um sie besser manipulierbar zu halten.

Corona fördert nun – zusammen mit der Klimahysterie – eine »Hybridhysterie«, die den Angstpegel höher schraubt als jemals zuvor. Die Agenda der Neuen Weltordnung soll gleich in Bausch und Bogen durchgesetzt werden, mit allem, was so geplant war. Das Virus selbst scheint dabei nicht viel tödlicher zu sein als herkömmliche Grippeviren. Es sieht ganz danach aus, dass die Todesfälle in der Statistik Patienten sind, die *mit* dem Virus und nicht *an* dem Virus starben – wenn sie überhaupt das Virus hatten, da Ärzte bereits öffentlich erklärt haben, dass sie jede Art von Todesfall in ihrer Klinik dem Coronavirus zuschreiben sollen. Ja, das Corona-Spektakel ist universell brauchbar! Zunächst einmal dient es den Interessen der Neuen Weltordnung, weil es den Angstpegel in der Menschheit so hoch schraubt, dass extreme Maßnahmen zur Förderung globalistischer Interessen vom Volk abgesegnet werden. Und vielleicht wird das Virus ja auch als Mittel verwendet, um durch die Corona-App, die gerade von Apple und Google gemeinsam entwickelt wird und mit einem der nächsten Updates ungefragt auf unseren Handys landen könnte, Bewegungsprofile erstellen zu können. Da wäre es dann nur noch ein kleiner Schritt, per 5G – sobald die entsprechenden Antennen überall aufgebaut sind – gezielt Menschen zu schwächen und den einen oder anderen Regimegegner, der durch die Corona App nun erfasst ist, auszuschalten. Nur so eine Idee ... Sehe ich zu sehr schwarz? Wir werden es erleben ...

Was erleben wir noch im Zusammenhang mit Corona – und bereits in diesem Augenblick? Naturmedizinische Methoden, die das Immunsystem stärken, wie hoch dosiertes Vitamin C oder die Gabe von ionisiertem Silber, werden verdammt. Die Pharmaindustrie will sich nicht in ihren Zaubertrank spucken lassen, welcher ein erbärmlicher Kleister ist, der nur Profite erschafft. Jetzt will man auch den Gehalt von Vitaminen und Mineralien in Nährstoffen einschränken und Nahrungsergänzungsmittel verbieten. Und wie steht es mit den Quarantänen? Ein Abstand von anderthalb Metern zu anderen Menschen, keine Umarmungen mehr ... Der Verlust des Körperkontakts reduziert auch den *seelischen Kontakt*, der ein Ausdruck von Liebe ist. Die Berührung zwischen Elternteil und Kind sind nahezu lebenswichtig! Solange das Kind die Sprache noch nicht gut beherrscht, fühlt es sich erst richtig geliebt, wenn es getragen, geherzt und auf den Schoß genommen wird. Wenn Eltern davor zurückschrecken, weil der Körperkontakt in Frage gestellt wird, was bedeutet das für unsere Gesellschaft? Ein Leben lang bleibt die Scheu vor echter Nähe zurück, vor einem menschlichen Miteinander und Austausch.

Und was geschieht politisch im Hintergrund? Die deutsche Regierung besteht aus Marionetten, der deutsche Staat ist alles andere als frei in seinen Entscheidungen, und ausgehend von den USA finden gerade gewaltige Umbrüche statt, weil Donald Trump und das amerikanische Militär, anscheinend im Schulterschluss mit Putin, sich global einen erbitterten Kampf mit dem Tiefen Staat und den Anunnaki liefern. Hinter den Kulissen spielt sich etwas ab, was dem Dritten Weltkrieg zu entsprechen scheint, nur dass er mit anderen Mitteln ausgetragen wird, als wir es jemals erwartet hätten.

Noch ist unklar, welchen Ausgang das alles nimmt.

Hoffen wir, dass der Mensch seine Menschlichkeit weiter bewahren kann.

Jan Erik Sigdell
20. April 2020
Dutovlje, Slowenien

Über den Autor

Dr. Jan Erik Sigdell, geboren 1938 in Göteborg, Schweden, studierte Elektrotechnik und Elektronik zum Diplom-Ingenieur und promovierte anschließend in Medizintechnik, der Anwendung von Technologie in der Medizin. Sein Spezialgebiet war die Dialysetechnik, in deren Rahmen er auch ein mathematisches Fachbuch über den Stoffaustausch in Hohlfaserdialystoren vorlegte. (Vgl. www.mediconsult-sigdell.com.)

Seine Beschäftigung mit Reinkarnation begann 1974 mit experimentellen hypnotischen Rückführungen. 1979 lernte er Bryan Jameison kennen und wurde von ihm in der nichthypnotischen Rückführungstechnik ausgebildet, die er seit 1980 in seiner eigenen Praxis anwendet.

Im Laufe der Zeit hat er diese Technik weiterentwickelt und um neue Methoden der Rückführungstherapie ergänzt. Auf der Basis der Erfahrungen, die er in Tausenden von Rückführungen machen durfte, schrieb er mehrere Bücher, darunter *Rückführung in frühere Leben* (Ansata 2004) und *Durch den Tod ins Leben* (Ansata 2007).

Bei AMRA erschien 2012 das mittlerweile auch auf Slowenisch vorliegende Taschenbuch *Unsichtbare Einflüsse* und 2015 als Hardcover eine vollständig überarbeitete und um zusätzliche Texte ergänzte finale Jubiläums-Ausgabe von *Wiedergeburt und frühere Leben* (Heyne 2005) mit dem neuen Untertitel *Herausforderung Reinkarnation*.

Einige seiner eigenen Beiträge zur Regressionstherapie sind die effektive Auflösung von negativen (die Seele verletzenden) emotionalen Energien aus der Vergangenheit, der heilsame Umgang mit Schuldgefühlen, ein Vergebungsritual für die Versöhnung mit Seelen, die einmal unsere Opfer wa-

ren oder uns gegenüber zu Tätern wurden, Befreiung von traumatischen Nachwirkungen sexuellen Missbrauchs, die Überwindung von unbewussten Widerständen und der Umgang mit fremden Seelen oder negativen Wesenheiten, die sich an eine Person klammern.

Als freier Christ (nicht an eine Kirche gebunden, sondern am Gnostischen Christentum orientiert) hat er sich mehrere Jahre lang intensiv mit der Erforschung der Vereinbarkeit von Reinkarnation und Christentum beschäftigt und hierüber das Buch *Reinkarnation, Christentum und das kirchliche Dogma* vorgelegt (Ibera 2001). *Es begann in Babylon* (Holistika 2008) handelt von den biblischen Wurzeln in den sumerischen Keilschrifttafeln. *Die Herrschaft der Anunnaki* (Amra 2016), sein erstes Werk über die globale Schattenregierung, erschien auch in den USA, Ungarn und Tschechien. *Der Geheime Krieg der Anunnaki* (Amra 2017) und das vorliegende Buch widmen sich der aktuellen Krisenlage unserer Welt.

Heute lebt er, nach 29 Jahren in der Schweiz, in Slowenien, der Heimat seiner Frau. Regelmäßig hält er im deutschen Sprachraum Vorträge und bietet Seminare an.

Information und Kontakt

Dr. Jan Erik Sigdell
Dutovlje 105, SI-6221 DUTOVLJE, Slowenien
www.christliche-reinkarnation.com

》 Das Alte Testament hat mein Leben von Kindheit an geprägt. Als kleiner Junge studierte ich in der Schule die Genesis im hebräischen Originaltext, und eines Tages lasen wir in Kapitel 6, dass in jener Zeit, als Gott beschloss, die Menschheit mittels der Großen Flut zu vernichten, ›die Söhne der Gottheiten‹, welche die Töchter der Menschen geheiratet hatten, auf Erden wandelten. Die Hebräer bezeichneten sie als Nefilim; der Lehrer hatte uns erklärt, dass das ›Riesen‹ bedeutete, aber ich widersprach ihm: Heißt das nicht wörtlich übersetzt, ›jene, die hinabgestoßen worden sind‹, die zur Erde hinuntergestiegen waren? Man tadelte mich und wies mich an, die traditionelle Interpretation zu akzeptieren.

Als ich mir in den Jahren darauf die Sprache, Geschichte und Archäologie des antiken Nahen Ostens aneignete, wurden die Nefilim für mich zu einer Art Zwangsvorstellung. Immer mehr archäologische Funde und damit einhergehend die Entzifferung sumerischer, babylonischer, assyrischer, hethitischer, kanaanitischer und anderer antiker Schriften und Epen bestätigten, dass die Hinweise in der Bibel auf die Königreiche, Städte, Herrscher, Orte, Tempel, Handelsrouten, Artefakte, Werkzeuge und Sitten des Altertums zutreffend waren. Wäre es daher jetzt nicht an der Zeit, auch den Worten der antiken Aufzeichnungen Glauben zu schenken, in denen die Nefilim als aus dem Himmel gekommene Besucher auf der Erde dargestellt werden?

Im Alten Testament wird wiederholt festgestellt: ›Der Thron Jahwes ist im Himmel‹ – ›Vom Himmel betrachtete der Herr die Erde‹. Im Neuen Testament heißt es: ›Vater unser, der du bist im Himmel.‹ Aber die Glaubwürdigkeit der Bibel wurde von der zunehmenden Verbreitung und Akzeptanz der Evolutionstheorie erschüttert. Wenn der Mensch sich entwickelt hatte, konnte er doch gewiss nicht aus dem Stand heraus von einer Gottheit erschaffen worden sein, die vorsätzlich geplant hatte, ›lass uns Adam nach unserem Bilde und in unserer Gestalt machen‹. Alle antiken Völker haben Götter verehrt, die aus dem Himmel zur Erde hinabgestiegen waren und die jederzeit, wenn sie dies wünschten, wieder dorthin emporsteigen konnten. Aber man

Eine Leseprobe aus Zecharia Sitchins letztem großen Wurf:
Die Anunnaki-Chroniken
AMRA Verlag, 392 Seiten, Hardcover, mit Leseband und Zeichnungen.
Der vollständige Überblick.
Erstmals auf Deutsch.

hat diesen Geschichten nie geglaubt, und die Wissenschaft hat sie von Anfang an als reine Mythen abgetan.

Es brauchte dreißig Jahre der Forschung, in denen ich die antiken Quellen aufsuchte und als wörtlich zutreffend erkannte, um mir ein kohärentes und plausibles Bild der prähistorischen Ereignisse zu machen. Ich enträtselte eine durchdachte, ausgeklügelte Kosmogonie, die erklärt, wie sich das Sonnensystem gebildet haben könnte, wie ein von außen eindringender Planet auf eine Umlaufbahn um die Sonne gezwungen wurde und auf diese Weise die Erde und andere Teile des Sonnensystems entstanden.

Die Beweise, die ich dafür anbiete, schließen Himmelskarten ein, die sich mit dem Weltraumflug jenes Planeten zur Erde befassen. Anschließend wird beschrieben, wie die Nefilim ihre ersten Siedlungen auf der Erde errichteten. Die Namen ihrer Anführer werden genannt; ihre Beziehungen, ihre Lieben, ihre Eifersucht, ihre Leistungen und ihre Kämpfe werden geschildert und das Wesen ihrer ›Unsterblichkeit‹ erklärt.

Vor allem stelle ich die folgenschweren Ereignisse dar, die zur Erschaffung des Menschen geführt haben, und schildere die fortschrittlichen Methoden, mit denen dies bewerkstelligt wurde. Und wenn die Nefilim den Menschen auf der Erde geschaffen haben, dann könnte es auch sein, dass sie noch einen viel weiter gefassten Masterplan erfüllten. ◁◁

*Helfen Sie mit,
das Paradigma
zu ändern.*

Steven M. Greer
OFFIZIELL GELEUGNET!
*Das größte Geheimnis der Regierungen
wird enthüllt: Wir sind nicht allein!*
416 Seiten, gebunden, oranges Leseband
€ [D] 26,99 / € [A] 27,80 • ISBN 978-3-95447-363-2

UFOs sind real. Wir stehen in Kontakt mit Aliens. Freie Energie und Antischwerkraft-Technologie sind im Einsatz. Dr. Greer stellt Dokumente vor, die US-Präsidenten, CIA-Direktoren und Kongressabgeordneten vorgelegt wurden: Multinationale Konzerne machen dank Alien-Technologie Billionengeschäfte und demontieren die Welt. Mit Aussagen von Zeugen der Sicherheitsstufe »Cosmic Secret«, achtunddreißig Stufen höher als »Top Secret«.

*Der New York Times Bestseller, der als Vorlage zur
Netflix-Sensation »Unacknowledged« diente.*

Jason Quitt & Bob Mitchell
VERBOTENES WISSEN
*Warum unsere Welt anders ist,
als man uns glauben machen will*
336 Seiten, gebunden, oranges Leseband
€ [D] 22,99 / € [A] 23,60 • ISBN 978-3-95447-285-7

Begegnungen mit Thoth und den Greys, ägyptische Schlangengötter, ein Galaktischer Krieg, lebende Kristalle und Nikola Tesla ... Der Autor, ein multidimensionaler Zeitreisender, zeigt, dass unsere Welt nicht so ist, wie man uns weismachen will. Denn unser Bewusstsein erhöht sich und lässt uns hinter den Schleier der künstlichen Realität blicken. Wir erinnern uns an unsere Gaben und unseren Platz im Universum.

*»Eine unglaubliche Reise durch
die unsichtbaren Welten und uns
umgebenden Kräfte.« – Len Kasten*

Marcel Polte
GREYS – erweiterte Neuausgabe!
Weltweites Wirken und Entführungen in Deutschland
256 Seiten, gebunden, oranges Leseband
€ [D] 22,99 / € [A] 23,60 • ISBN 978-3-95447-259-8

Tausende von Entführungsfällen durch Greys wurden in den USA bereits untersucht. Der promovierte Jurist Marcel Polte, auch als Heilpraktiker und Hypnosecoach tätig, gleicht sie mit Material der US-Geheimdienste ab, das durch den Freedom of Information Act jetzt freigegeben werden musste. Seine Erhebungen für Deutschland belegen den weltweiten Plan: Eine hybride Mensch-ET-Spezies ist im Begriff, die Gesellschaft zu unterwandern.

Vorworte von Kathleen Marden und Robert Fleischer.

Mehr über Aliens, UFOs und Neues Denken auf www.AmraVerlag.de

*Helfen Sie mit,
das Paradigma
zu ändern.*

Gregg Braden
MENSCH : GEMACHT
Von der zufälligen Evolution zur bewussten Transformation
352 Seiten, gebunden, oranges Leseband
€ [D] 24,99 / € [A] 25,70 • ISBN 978-3-95447-337-3

Neueste Forschungen zeigen, dass der Mensch, so wie er heute existiert, vor 200.000 Jahren urplötzlich entstand – aufgrund einer Verschmelzung von Genen, die bewusst herbeigeführt worden sein muss. Und von Anfang an zeichnen wir uns durch enorme Fähigkeiten aus, die uns auf Abruf zur Verfügung stehen. Bradens neues Buch überwindet die Grenzen zwischen Wissenschaft und Spiritualität und stellt sich der zeitlosen Frage: Wer sind wir?

DER SPIEGEL-Bestseller

Michael E. Salla
ANTARKTIS – DIE VERBOTENE WAHRHEIT
Geheime Weltraumprogramme, interplanetarer Sklavenhandel, Kolonie außerirdischer Flüchtlinge
432 Seiten, gebunden, oranges Leseband
€ [D] 26,99 / € [A] 27,80 • ISBN 978-3-95447-395-3

Seit siebzig Jahren betreibt die Antarktis ein politisches Ränkespiel hinter den Kulissen. Nach einer Geheimvereinbarung mit Eisenhower entstand dort gemeinsam mit den USA ein transnationaler Konzern, der sich auf Basis von Alien-Wissen zu einer gewaltigen Weltraummacht entwickelte. Die jetzt anstehende Offenlegung dieses Global Players wird entscheidend zur Transformation unseres Planeten beitragen!

*Vom Autor aktualisierte und ergänzte
deutsche Erstausgabe.*

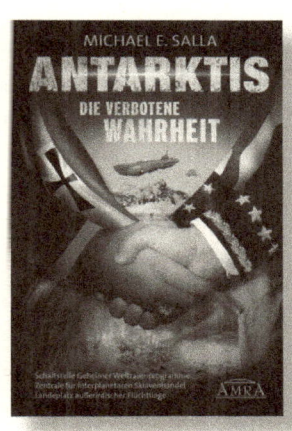

Len Kasten
DIE GEHEIME WELTHERRSCHAFT DER REPTILOIDEN
*Ihr Ursprung, ihr Sternenreich und
ihr Wirken auf unserer Erde*
400 Seiten, gebunden, oranges Leseband
€ [D] 24,99 / € [A] 25,70 • ISBN 978-3-95447-319-9

Angefangen bei ihrer ersten Kolonisierung der Erde bis zur Infiltration der großen Regierungen in heutiger Zeit, schildert Len Kasten, wie die Reptiloiden durch raffinierte Intrigen die Menschheit versklavten. Ihre Rolle im Nazi-Deutschland und bei den US-Geheimdiensten wird ebenso beleuchtet wie die Unterstützung der Illuminaten, ihrer menschlichen Verbündeten an den Schaltstellen der Macht.

*Das erste umfassende
Enthüllungswerk!*

Alle Bücher auch als eBooks. Leseproben auf www.AmraVerlag.de

gebundene Bücher mit Leseband

Gregg Braden	Mensch: Gemacht	352 S., 24,99 €
Patricia Cori	Lichtbotschaften vom Sirius	224 S., 19,99 €
Henry Ford	Mein Leben und Werk	256 S., 19,99 €
Steven M. Greer	Unacknowledged: Offiziell geleugnet!	400 S., 26,99 €
Griffith & Lisa K.	Spirit Business – ehrliche Unternehmen	320 S., 22,95 €
Susanne Hirsch	Die Kraft deiner lebendigen Emotionen	240 S., 19,99 €
Ren Hurst	Die heilende Kraft der Pferde	224 S., 19,99 €
Jaffe & Davidson	Wegbereiter Indigo-Erwachsene	208 S., 19,99 €
Frank Joseph	Lemurien – Aufstieg und Fall	488 S., 24,99 €
Len Kasten	Geheime Weltherrschaft der Reptiloiden	400 S., 24,99 €
Kenyon & Sion	Lichtboten vom Arcturus	224 S., 19,99 €
Pavlina Klemm	Lichtbotschaften von den Plejaden	240 S., 19,99 €
Dean Koontz	Trixie – mein Golden Retriever	272 S., 24,99 €
Horst Krohne	Die 12 Programme des Bewusstseins	208 S., 19,99 €
Cindy Lora-Renard	Ein Kurs in Gesundheit & Wohlbefinden	176 S., 19,99 €
Eva Marquez	Heilungscode der Plejader	256 S., 22,99 €
Tanja Matthöfer	Maria Magdalena: Leben mit Jeshua	256 S., 22,99 €
Melchizedek & Mitel	Lebe im Licht deines Herzens	224 S., 19,99 €
Hunbatz Men	Die heilige Kultur der Maya	192 S., 19,99 €
Ernst Muldashev	Drittes Auge & Ursprung der Menschheit	432 S., 24,99 €
Sam Osmanagich	Licht auf die Vergangenheit	240 S., 22,99 €
Marcel Polte	Greys und ihr weltweites Wirken	256 S., 22,99 €
Quitt & Mitchell	Verbotenes Wissen	320 S., 22,99 €
Gary R. Renard	Als Jesus und Buddha sich kannten	320 S., 24,99 €
Michael E. Salla	Antarktis – die verbotene Wahrheit	432 S., 26,99 €
Jan Erik Sigdell	Die Herrschaft der Anunnaki	192 S., 19,99 €
Kerstin Simoné	Thoth: Der Transformationsschlüssel	240 S., 22,99 €
Zecharia Sitchin	Die Anunnaki-Chroniken	392 S., 24,99 €
William Stillman	Die Seele des Autismus	240 S., 19,95 €
Christine Woydt	Saint Germain: Aufstieg in Meisterschaft	416 S., 24,99 €
Maka'ala Yates	Hawaiianischer Weg der Gesundheit	336 S., 22,95 €

Leseproben auf www.AmraVerlag.de • Gratis-CD anfordern • auch als eBooks
versandkostenfrei in Deutschland & Österreich • solange der Vorrat reicht!